Meine Rechte am Arbeitsplatz

René Schuhmacher
Hans-Ulrich Stauffer
Hanspeter Thür

Meine Rechte am Arbeitsplatz

Ein Ratgeber für den beruflichen Alltag

Unionsverlag
Zürich

4. aktualisierte und erweiterte Auflage 1993

Rieterstrasse 18, CH-8059 Zürich, Telefon 01 281 14 00
Umschlaggestaltung: Heinz Unternährer, Zürich
Belichtung: Johannes Schimann, Ingolstadt
Druck und Bindung: Ebner Ulm
ISBN 3-293-00189-0

Inhalt

13. Wie ist meine Persönlichkeit geschützt?

14. Die Kündigung

Einleitung

Alle Erwerbstätigen verbringen einen schönen Teil ihres aktiven Lebens am Arbeitsplatz. Sie stellen einem Arbeitgeber ihre Arbeitskraft zur Verfügung und erhalten dafür einen Lohn, um ihren Lebensunterhalt bestreiten zu können. Rechtlich gesehen gehen sie einen Arbeitsvertrag ein. Das geschieht nicht immer reibungslos und ohne Konflikte. Oft stossen da verschiedene Interessen aufeinander.

Schon beim Vorstellen, vor allem während der Arbeit und beim Kündigen kommt es immer wieder zu unangenehmen Auseinandersetzungen zwischen den beiden Vertragsparteien. Die verschiedensten arbeitsrechtlichen Fragen können zu Streitigkeiten mit dem Arbeitgeber führen: die Höhe der Auszahlung des Lohnes, die Anordnung und Entschädigung von Überstunden, Zeitpunkt und Dauer der Ferien, die Lohnzahlung während Krankheit und Unfall, die Haftung bei einem Schadenfall im Betrieb, die Einhaltung der Kündigungsfristen usw.

Damit sich der Arbeiter, Arbeiterinnen und Angestellte für ihre Interessen am Arbeitsplatz wehren können, sollten sie über ihre Rechte und Pflichten Bescheid wissen. Dieser Ratgeber soll ihnen dabei helfen. Darin haben wir – erstmals für die Schweiz – die wichtigsten Informationen zum Arbeitsrecht übersichtlich und für den Laien verständlich darzustellen versucht. Von der Stellenbewerbung und Vertragsschliessung bis zur Auflösung des Arbeitsverhältnisses werden die einzelnen Problemkreise ausführlich behandelt. Die Rechte der Frauen, der Lehrlinge und der ausländischen Arbeitnehmer werden ebenso in besonderen Kapiteln dargelegt wie die Probleme in Zusammenhang mit Teilzeitarbeit und Arbeitslosigkeit.

Anhand der Fragen im Inhaltsverzeichnis kann sich der ratsuchende Leser leicht orientieren. Ein Stichwortverzeichnis am Ende des Buches erleichtert den Zugriff bei speziellen Fragen.

In dieser aktualisierten und erweiterten Ausgabe sind sämtliche Gesetzesrevisionen bis zum 1.1.1993 berücksichtigt: so das revidierte Kündigungsrecht, das neue Bundesgesetz über die Arbeitsvermittlung sowie die Abschaffung der Lohnabtretung und das revidierte Arbeitslosenversicherungsgesetz. Sämtliche Zahlen aus dem Bereich der Sozialversicherungen (Arbeitslosen-, Invaliden- und Unfallversicherung, zweite Säule) sind auf dem aktuellen Stand von 1993. Auf Wunsch zahlreicher Leserinnen und Leser dieses Ratgebers sind die Ausführungen über das Arbeitszeugnis völlig überarbeitet worden. Dabei wurden auch aktuelle Beispiele aus der jüngsten Rechtsprechung schweizerischer Gerichte berücksichtigt, was zusätzliche Orientierungshilfen gibt. Neu verarbeitet sind auch wegweisende Gerichtsentscheide, die seit der Erstausgabe von 1984 gefällt wurden.

Trotz der laufenden Verbesserungen im schweizerischen Arbeitsrecht drängen sich weiterhin bei einzelnen Kapiteln Hinweise auf Mängel auf: etwa beim Persönlichkeitsschutz oder bei der Teilzeitarbeit.

Schliesslich vermittelt dieser Ratgeber viele Tips, wie Arbeitnehmer und Arbeitnehmerinnen zu ihrem Recht kommen können. Es wird auch erklärt, wie sich ein juristisches Verfahren abwickeln würde, falls kein anderer Weg bleibt, als den Streit vor Gericht auszutragen.

Eine wichtige Anmerkung zum Schluss: Die Beamten und Angestellten im öffentlichen Dienst (SBB, PTT, Bund, Kantone, Gemeinden) unterstehen den dort gültigen Beamten- und Angestelltenreglementen, die von Kanton zu Kanton, von Gemeinde zu Gemeinde verschieden sein können. Da die arbeitsrechtlichen Vorschriften des Obligationenrechts für sie nicht anwendbar sind, werden ihre Dienstverhältnisse in diesem Ratgeber nicht behandelt.

Zürich und Basel, im Februar 1993 — Die Autoren

1.

Ich bewerbe mich um eine Stelle

Sich um eine neue Stelle zu bewerben bedeutet für die meisten Arbeitnehmer einen einschneidenden Schritt. Es ist auf jeden Fall nichts Alltägliches – im Berufsleben vieler Arbeitnehmer kommt eine Stellenbewerbung eher selten vor. Um so grösser ist deshalb die Unsicherheit, erst recht, wenn man nicht freiwillig auf Stellensuche geht, sondern wegen persönlicher Umstände oder infolge der wirtschaftlichen Rezession diesen Schritt machen muss. Da steht der Arbeitnehmer plötzlich vor der Situation, dass er seine Fähigkeiten und seine Person in ein gutes Licht stellen, dass er sich also möglichst gut »verkaufen« sollte. Wie macht man das? Die wenigsten fühlen sich in dieser Rolle wohl, denn wer preist sich schon gerne selber an.

Was braucht es für eine Bewerbung?

Meist ist in den Stellenausschreibungen genau angegeben, was für die Bewerbung alles verlangt wird. Es ist wichtig, dass man das genau studiert. Denn eine unvollständige Bewerbung macht zum vornherein einen schlechten Eindruck. Ein solcher Bewerber ist möglicherweise flüchtig und zuwenig zuverlässig. Wenn die Anforderungen aus der Ausschreibung nicht klar ersichtlich sind, ist es besser, Missverständnisse mit einem Telefonanruf auszuräumen. Wenn das nicht möglich ist (bei einem Chiffre-Inserat), soll man die Unklarheit im Bewerbungsschreiben ansprechen.

Oft werden *handschriftliche Bewerbungen* verlangt. Das hat verschiedene Gründe: Der Arbeitgeber möchte aus der Art der Darstellung

– wurde »geschmiert« und durchgestrichen?, wie ist die Verteilung des Textes auf dem Blatt? – Anhaltspunkte über den Charakter des Bewerbers gewinnen. Oft sind das natürlich sehr subjektive Eindrücke. Dem einen gefällt die Schrift des Bewerbers oder die Art, wie er das Geschriebene auf dem Papier anordnet, bei einem anderen löst der gleiche Brief genau entgegengesetzte Gefühle aus. Solche Reaktionen können natürlich bei einem Vertragsverhältnis, das stark auf die Persönlichkeiten der vertragsschliessenden Parteien abstellt, nicht vermieden werden. Der Bewerber kann einzig darauf achten, dass der Brief möglichst sauber und in der Gliederung übersichtlich abgefasst ist.

Handschriftliche Bewerbungen werden unter Umständen genau unter die Lupe genommen. Die Ansicht ist verbreitet, dass die Analyse der Schrift und des Schriftbildes den Charakter freigibt. Deshalb lassen Arbeitgeber immer wieder Schriftgutachten von Graphologen erstellen, vor allem, wenn es um hochqualifizierte und verantwortungsvolle Stellen geht. Für die Erstellung solcher Gutachten müsste jedoch nach unserer Auffassung das ausdrückliche Einverständnis des Bewerbers vorliegen (siehe Seite 148f.).

Neben dieser formalen Seite des Bewerbungsschreibens muss natürlich auch auf den Inhalt geachtet werden: Die Bewerbung soll nicht zu geschwätzig sein, umgekehrt reicht natürlich der Satz: »Ich bewerbe mich für die von Ihnen im ›Appenzeller Volksfreund‹ ausgeschriebene Stelle als Mechaniker« auch nicht.

Das Bewerbungsschreiben soll in knappen Ausführungen darüber Auskunft geben, warum sich der Bewerber gerade für diese Stelle interessiert, was er bisher gemacht hat und vielleicht weshalb er seine jetzige Stelle verlassen will. Wenn es sich um eine ganz besondere Stelle handelt, ist es gerechtfertigt, wenn man die eigene Motivation etwas ausführlicher beschreibt.

Meist wird mit der Bewerbung ein *Lebenslauf* verlangt. Bei dessen Abfassung ist darauf zu achten, dass er lückenlos ist. Denn grössere Löcher lassen die Frage offen, was in der betreffenden Zeit wohl passiert ist. Hat der Bewerber etwas zu verbergen? Der Lebenslauf gibt neben dem beruflichen Werdegang vor allem auch Auskunft darüber, ob der Bewerber ein sesshafter oder unsteter Mensch ist. Wer also sehr viele Stellenwechsel hinter sich hat, spricht dieses Phänomen im Bewerbungsschreiben mit Vorteil an und versucht, eine plausible Erklärung dafür zu geben. Wer sich immer wieder für längere Zeit ins Ausland abgesetzt hat, kann vielleicht darauf hinweisen, dass es sich um Sprachaufenthalte gehandelt hat.

Der Lebenslauf muss nur die wichtigsten Stationen der Ausbildung und des beruflichen Werdegangs enthalten. Er kann stichwortartig abgefasst werden. Wichtig ist, dass man sämtliche Weiterbildungskurse, auch wenn sie im Augenblick noch so bedeutungslos erscheinen mögen, aufführt. Bei den Männern wollen viele Arbeitgeber wissen, ob sie diensttauglich sind und welchen Grad sie bekleiden. Wer übers Militär nichts sagt, hat vielleicht etwas zu verschweigen. Er ist vielleicht gegen das Militär eingestellt, ist aus gesundheitlichen Gründen dienstuntauglich oder verschweigt eine ins Gewicht fallende körperliche Schwäche.

Unter Umständen verlangt der Arbeitgeber Berufsdiplome und *Arbeitszeugnisse* von früheren Arbeitgebern. Auch hier gilt der Grundsatz: Wenn solche Unterlagen dem Bewerbungsschreiben beigelegt werden, sollten sie möglichst vollständig sein. Es wirkt eigenartig, wenn der Bewerber ein vorzügliches Zeugnis einer Stelle, die er vor fünf Jahren versehen hat, beilegt, neuere Dokumente aber nicht zur Verfügung stellt. Wenn Zeugnisse beigelegt werden, sollte das letzte auf jeden Fall darunter sein. Denn die Frage liegt sonst auf der Hand, weshalb gerade das letzte zurückbehalten wurde.

Tip: Vor einer Stellenbewerbung, die einem viel bedeutet, lohnt sich eine ausführliche *Aussprache mit einer vertrauten Person*. Sie kennt den Charakter des Bewerbers und kann deshalb wichtige Ratschläge geben. Wenn es um eine besonders wichtige Stelle geht, ist unter Umständen sogar eine psychologische Beratung ratsam. Einfacher und billiger ist es, sich bei einem Arbeitsamt beraten zu lassen (z.B. das Bewerbungsschreiben zeigen).

Wie soll ich mich beim Bewerbungsgespräch verhalten?

Die Empfehlung, sich von einer Drittperson beraten zu lassen, gilt in besonderem Masse zur Vorbereitung des Bewerbungsgesprächs. Eine solche Vorbereitung könnte in Form eines Rollenspiels ablaufen, wo der Vertraute die Rolle des Arbeitgebers spielt, der den Bewerber unter die Lupe nimmt. Auf diese Weise werden Schwachstellen der Argumentation in der Regel sofort sichtbar.

Wichtig ist, dass man während des Gespräches nicht nur in der passiven Beantworterrolle verharrt, sondern Fragen zur künftigen Stelle formuliert und vielleicht sogar eigene Vorstellungen entwikkelt, wie man die Stelle versehen will. Daraus kann der Arbeitgeber ablesen, wie weit der Bewerber fähig ist, eigene Ideen zu entwikkeln, ob er Eigeninitiative aufbringt oder eher ein Arbeitnehmer sein wird, der lieber in vorgetretenen Pfaden weitermachen will.

Aber aufgepasst: Auch hier kann zuviel des Guten genau das Gegenteil bewirken. Wer glaubt, er müsse in einer stündigen Besprechung alles Bewährte in besserwisserischer Manier auf den Kopf stellen, wird kaum Erfolg haben. Ausserdem sind diese Fähigkeiten nicht in jedem Beruf gleichermassen gefragt. Ein Hilfsarbeiter, der allzuviel Initiative zeigt, wird sich vielleicht mit seiner niederen Position nur schlecht abfinden und könnte sich ständig mit dem Vorgesetzten in Auseinandersetzungen verwickeln.

Wichtig ist, dass man sich vor dem Bewerbungsgespräch genau überlegt, was der Arbeitgeber verlangen könnte und was man selber an die neue Stelle für Erwartungen hat. Dazu gehören zunächst Fragen rund um den Lohn, die Arbeitszeit, die Sozialleistungen, Ferien, Spesen und dergleichen. Entscheidend ist, dass man sich ausgiebig über den Tätigkeitsbereich unterhält. Auf diese Weise können falsche Erwartungen schon zum vornherein vermieden werden.

Wer mit den Vorschlägen und Vorstellungen des Arbeitgebers

nicht einverstanden ist, sollte dies auf jeden Fall zum Ausdruck bringen. Viele Arbeitnehmer finden in dieser schwierigen Situation den Mut dazu nicht, weil sie fürchten, dass sie sonst die Stelle nicht bekommen könnten. Auch wenn diese Befürchtung ernst genommen werden muss, zeigt die Praxis, dass solche ungelösten Fragen zu einem späteren Zeitpunkt zu Konflikten führen, die für beide Seiten sehr unangenehm sind. Auf lange Frist fährt man gewiss besser, wenn man auftauchende Meinungsverschiedenheiten sofort anspricht. Wenn man merkt, dass der Arbeitgeber im betreffenden Punkt nicht mit sich reden lässt, kann man die Forderung immer noch zurücknehmen, wenn man die Stelle deswegen nicht riskieren will.

Wer unsicher ist, ob ihm die Stelle wirklich zusagt, sollte eine Bedenkzeit, z.B. bis zum nächsten Tag, vorschlagen.

Tip: Zur Vorbereitung eines Bewerbungsgesprächs ist es ratsam, wenn man *sich über die Löhne und die Arbeitsbedingungen der betreffenden Branche dokumentiert.* Die zuständige Gewerkschaft oder der zuständige Berufsverband kann in solchen Fällen weiterhelfen. Nützlich ist natürlich, wenn man direkt im Betrieb Angestellte kennt, die auskunftswillig sind. Ein solches Vorgehen ist absolut nicht anrüchig. Es ist das gute Recht des Arbeitnehmers, herauszufinden, was seine Arbeitskraft wert ist.

Wie weit muss ich über persönliche Dinge Auskunft geben?

Soll Elsbeth Meier beim Bewerbungsgespräch darüber reden, dass sie sich nächstes Jahr ein Kind wünscht und deshalb einen längeren Urlaub nehmen will? Oder was soll Roland Fink machen, der in einem halben Jahr endlich seine Weltreise unternehmen will?
Sollen die beiden vom geplanten unbezahlten Urlaub jetzt schon reden? Die Erfahrung zeigt, dass ein Arbeitgeber solche Pläne nicht

sonderlich schätzt. Vielleicht fällt ihm ein positiver Entscheid leichter, wenn der Arbeitnehmer erst einmal beweisen konnte, dass er zuverlässig und einsatzfreudig ist. Aus diesem Grund ist es wohl besser, wenn Elsbeth Meier und Roland Fink mit ihrer Information erst einmal zuwarten.

Grundsätzlich gilt, dass dann Auskunft gegeben werden muss, wenn die Frage *mit dem konkreten Arbeitsverhältnis* in Zusammenhang steht. Wer z.B. ein Rückenleiden hat, sollte dies mitteilen, wenn er eine Stelle als Zügelmann annimmt.

Wie steht es mit einer bereits bestehenden Schwangerschaft? Ist hier eine Notlüge erlaubt? Die Antwort auf diese Frage ist kontrovers. In Übereinstimmung mit namhaften Arbeitsrechtlern ist davon auszugehen, dass einer Arbeitnehmerin kein Nachteil daraus entstehen darf, wenn sie ihre Schwangerschaft dem Arbeitgeber nicht bekanntgibt. Im März 1986 hat das Bezirksgericht St. Gallen zu einer solchen Frage einen mutigen Entscheid gefällt. Er betraf eine schwangere Frau, die eine Stelle als Aufsicht in einem Spielsalon angenommen hatte. Nachdem der Geschäftsführer nach zwei Monaten gemerkt hatte, dass seine Angestellte in Erwartung war, entliess er sie fristlos. Begründung: Sie habe ihm bei ihrer Anstellung ihren Zustand verschwiegen. Das Bezirksgericht St. Gallen hiess die Klage der schwangeren Frau gut, so dass ihr der Arbeitgeber insgesamt über 10'000.– Fr. Lohn nachzahlen musste, weil er sie unbegründet fristlos entlassen hatte.

Das Gericht hielt fest, dass die Schwangerschaft ungefragt nur dann mitzuteilen ist, wenn die Durchführung des Arbeitsvertrages nach Lage des Einzelfalles mit einer Schwangeren völlig unmöglich sei. Zum Beispiel, wenn sich jemand als Tänzerin, Mannequin, Schauspielerin oder Sportlehrerin bewirbt oder die Arbeit wegen der erforderlichen körperlichen Anstrengung einer Schwangeren nicht zugemutet werden kann.

Wie steht es aber, wenn der Arbeitgeber bei der Bewerbung ausdrücklich nach einer bestehenden Schwangerschaft fragt? Die Frage ist kontrovers. Es gibt Juristen, die der Ansicht sind, dass in einem solchen Fall die bestehende Schwangerschaft nicht verschwiegen werden darf. Wir sind anderer Auffassung. Massgebend ist für uns die Frage, ob eine Mitteilungspflicht besteht. Im oben beschriebenen Fall besteht eine solche nicht. Dann darf der Arbeitgeber Fragen nach einer Schwangerschaft auch nicht stellen. Wenn er dies dennoch tut, hat die Bewerberin das Recht auf Lüge (Ausführliches über den Persönlichkeitsschutz des Bewerbers auf Seite 142f.).

Wer unsicher ist, ob in seinem Fall eine Mitteilungspflicht besteht, sollte mit einer Beratungsstelle Kontakt aufnehmen.

2.

Ich schliesse einen Vertrag ab

Wer eine Stelle antritt, schliesst mit seinem Arbeitgeber einen Arbeitsvertrag. In den meisten Fällen wird beim Vorstellungs- bzw. Bewerbungsgespräch eine Reihe von Fragen, das Arbeitsverhältnis betreffend, besprochen. Dem Arbeitnehmer wird in der Regel auch ein schriftlicher Vertrag zur Unterschrift vorgelegt.

Rund um den Arbeitsvertrag stellen sich zahlreiche Fragen: Gilt auch eine mündliche Abmachung? Was gehört alles in den Vertrag? Was gilt, wenn nichts Spezielles abgemacht ist? Bin ich einem Gesamtarbeitsvertrag (GAV) unterstellt?

2.1 Gilt auch ein mündlicher Vertrag?

»Ich habe ja gar keinen Vertrag«, beteuern rechtsuchende Arbeitnehmer oft, wenn sie ihrem Rechtsberater oder dem Arbeitsgericht keinen schriftlichen Vertrag vorlegen können.

Diese Auffassung ist allerdings falsch. Denn jedes Arbeitsverhältnis basiert auf einem Vertrag, und sei es nur auf einer mündlichen oder gar stillschweigenden Verabredung, die sich beispielsweise allein auf die Arbeitszeit und den Lohn bezieht. Mit der mündlichen Übereinkunft ist der Vertrag zustande gekommen, und er ist nun von beiden Parteien, vom Arbeitnehmer wie vom Arbeitgeber, einzuhalten. Mit einer stillschweigenden Verabredung kann sogar ein zuvor mündlich oder schriftlich abgeschlossener Arbeitsvertrag abgeändert werden.

Beispiel:

Zwischen der Firma Meier und dem Hilfsarbeiter Walter Schneider wurde ursprünglich ein Arbeitsverhältnis im Stundenlohn vereinbart und der Einsatz von Schneider auf Abruf vorgesehen. In Tat und Wahrheit arbeitete aber Walter Schneider während der ganzen Anstellungszeit regelmässig, und zwar 8 Stunden pro Tag wie die übrigen Angestellten. Er ging deshalb davon aus, dass nach seiner Rückkehr aus den Ferien das Arbeitsverhältnis im gleichen Rahmen fortgeführt werde. Da täuschte er sich: Die Firma Meier gab ihm von einem Tag auf den anderen keine Arbeit mehr und berief sich auf die ursprüngliche vertragliche Abmachung. Walter Schneider hat Glück. Der ursprüngliche Vertrag ist nicht mehr gültig, weil seine Arbeitseinsätze gar nicht mehr auf Abruf erfolgten und ein dauerndes Arbeitsverhältnis entstand, das nur durch ordentliche Kündigung aufgehoben werden kann.

Auch ein angeblich nur provisorischer Vertrag kann die volle Geltung erlangen, wenn ein definitiver Vertrag nicht abgeschlossen wurde und der provisorische Vertrag alle wesentlichen Punkte (Zeit, Lohn, Beschreibung der Arbeitsleistung) enthält.

Ein Arbeitsvertrag liegt auch dann vor, wenn jemand für einen andern Arbeit leistet, welche nur gegen Lohn zu erwarten ist.

Beispiel:

Hans Suter wurde angefragt, ob er Interesse habe, für die Aufführung eines Theaterstückes Regie zu führen. Seine erste Arbeit bestand darin, Schauspieler zu engagieren. Zu diesem Zweck tat er sich mit einem Regieassistenten zusammen. Sie führten während des folgenden Monats mit verschiedenen Schauspielern Gespräche und hatten Ende Monat fünfzehn Schauspieler beisammen. Es gab ganztägige Sitzungen mit den Schauspielern und dem Organisator des Theaterstückes. Die Arbeiten waren so weit vorbereitet, dass im folgenden Monat mit den Proben hätte begonnen werden können. Als Hans Suter Ende Monat den ersten Lohn einfordern wollte, wurde ihm beschieden, es sei nie von einer Arbeitsverpflichtung und auch nie von einem Lohn gesprochen worden.

In diesem Fall besteht kein Zweifel darüber, dass der verantwortliche Unternehmer des geplanten Theaterstückes nicht davon ausgehen durfte, dass Hans Suter seine Leistungen gratis erbringen würde. Das ist unter solchen Umständen unüblich. Hätte der Theaterunternehmer das gewollt oder erwartet, hätte er dies Suter ausdrücklich mitteilen müssen.

Auch ohne formellen Abschluss eines Vertrages kann ein Arbeitgeber schadenersatzpflichtig werden, wenn er dem Arbeitnehmer zuviel Hoffnung auf den Abschluss eines Vertrages gemacht hat.

Beispiel:

Josef Arnold trat Mitte Jahr mit dem leitenden Angestellten einer Transportfirma in Kontakt. Zunächst ging es um eine kurzfristige Anstellung. Nachher sprach man aber über eine definitive Anstellung auf Anfang des folgenden Jahres. Im Oktober besprach man den möglichen Arbeitsbeginn und den für den Fall der Anstellung zu bezahlenden Lohn. Es blieb unklar, ob in jenem Zeitpunkt effektiv ein Arbeitsvertrag zustande kam, weil nichts zu Papier gebracht wurde. Der leitende Angestellte gab aber zu, dass ihm bewusst war, dass er starke Hoffnungen auf eine Anstellung geweckt hatte. Er wusste auch, dass Josef Arnold nach dem Gespräch im Oktober die bisherige Stelle per Ende Jahr gekündigt hatte. Das Aufgebot zu einem sogenannten »Probelauf« bestärkte Arnold in der Annahme, der definitive Vertragsschluss sei lediglich eine Formsache. Josef Arnold wurde dann doch nicht eingestellt, und er wurde arbeitslos.

Durch das Eintreten in Vertragsverhandlungen entsteht unter den künftigen Vertragsparteien ein Rechtsverhältnis, aus welchem sich Pflichten für das Verhalten während der Vertragsverhandlungen ergeben.

Insbesondere entsteht mit Beginn der Vertragsverhandlungen für die Parteien die Pflicht, einander in gewissem Masse Aufklärung über Tatsachen zu geben, welche für den Entschluss der Gegenpartei von ausschlaggebender Bedeutung sind. In unserem Fall ist die Tatsache, dass Josef Arnold zu einem »Probelauf« aufgeboten wurde, obwohl der Arbeitgeber nicht daran dachte, ihn tatsächlich anzustellen, eine klare Pflichtverletzung. Er musste Josef Arnold als Schadenersatz den Lohn bis zum Ablauf der ordentlichen Kündigungsfrist bezahlen.

Arbeitsverträge können also *schriftlich oder mündlich* abgeschlossen werden. Wer jedoch sichergehen will, dass das mündlich Abgemachte auch eingehalten wird, verlangt mit Vorteil einen schriftlichen Vertrag. Dies empfiehlt sich vor allem in jenen Fällen, wo besondere Bedingungen ausgehandelt worden sind.

Beispiel:

Der kaufmännische Angestellte Albert Hauser soll in einem halben Jahr – nach der Einarbeitungszeit – die kaufmännische Leitung des kleinen Betriebs übernehmen. Für diese Zeit wurde eine Gehaltserhöhung von 20 Prozent vereinbart. Neben dem 13. Monatslohn wurde ihm eine Umsatzbeteiligung angeboten. Ausserdem wurde eine Kündigungsfrist von einem halben Jahr festgelegt.

Nach drei Monaten wollte der Betriebsinhaber von der getroffenen Vereinbarung nichts mehr wissen. Er hatte einen alten Bekannten getroffen, der sich als Geschäftspartner anbot und auch bereit war, dringend benötigtes Geld zu investieren und die kaufmännische Leitung zu übernehmen. Hauser wurde damit überflüssig und erhielt Ende Monat die Kündigung auf den darauffolgenden Monat. In der Begründung hiess es, die Kündigung erfolge in Übereinstimmung mit den gesetzlichen Vorschriften.

Albert Hauser hat Glück. Denn er muss die Kündigung in dieser Form nicht akzeptieren. Obwohl die Kündigungsfrist nach dem Obligationenrecht (OR) nur einen Monat beträgt, gilt in seinem Fall die speziell vereinbarte 6monatige Frist, wie es in seinem schriftlichen Vertrag steht. Er kann sogar nach Ablauf der ersten sechs Monate die 20prozentige Lohnerhöhung verlangen. Gegen die Kündigung kann er sich dagegen grundsätzlich nicht zur Wehr setzen. Bei Beendigung des Arbeitsverhältnisses kann er aber den Anteil des 13. Monatslohns und die vereinbarte Umsatzbeteiligung einfordern. Ohne schriftlichen Vertrag wäre es unter Umständen sehr schwierig gewesen, die getroffene Abmachung nachzuweisen.

Tip: Der Arbeitnehmer sollte, wenn möglich, darauf dringen, einen *schriftlichen Arbeitsvertrag zu* erhalten, in dem die wichtigsten Punkte geregelt sind. Das kann im Streitfall einiges erleichtern.

Was gilt beim Einzelarbeitsvertrag?

Grundsätzlich wird der Vertrag zwischen dem einzelnen Arbeitgeber und dem einzelnen Arbeitnehmer abgeschlossen. Man spricht dann von einem Einzelarbeitsvertrag. Der Arbeitnehmer verpflichtet sich darin zur Leistung von Arbeit für den Arbeitgeber, und dieser verpflichtet sich, ihm dafür einen Lohn auszurichten.

Was kann sonst noch in einen solchen Vertrag aufgenommen werden? Grundsätzlich gilt auch im Bereich des Arbeitsvertrags die *Vertragsfreiheit*. Das heisst: Beide Parteien können den Inhalt des Arbeitsverhältnisses nach ihrem Willen gestalten.

Unsere Rechtsordnung verbietet es niemandem, sich über seine Möglichkeiten hinaus zu verpflichten. So ist es Sache des Arbeitnehmers, dafür zu sorgen, dass er seine Arbeitskraft nicht für ein Butterbrot verkauft. Umgekehrt kann der Arbeitgeber einer begehrten Arbeitskraft gegen oben zahlen, was er will, auch wenn er damit sein Geschäft zugrunde richtet. Kurz: Bei uns gibt es weder Minimal- noch Maximalhöhe.

Wenn der Vertrag nur gerade den Lohn und die Arbeitszeit regelt, muss für alle weiteren Einzelheiten das *Obligationenrecht* (OR) beigezogen werden (Art. 319ff.). Das OR ist gewissermassen ein

Auffangnetz für alle nicht ausdrücklich geregelten Fragen. Unter dem Titel »Der Einzelarbeitsvertrag« sind darin die entscheidenden Bestimmungen enthalten; so u.a.:

- die Pflichten des Arbeitnehmers (Sorgfalts- und Treuepflicht, Verpflichtung zur Leistung von Überstunden);
- die Pflichten des Arbeitgebers (Ausrichtung von Lohn, Lohnzahlungspflicht bei Krankheit und Unfall, Schutz der Persönlichkeit, Gewährung von Freizeit und Ferien);
- die Personalfürsorge (Krankenversicherung, Pensionskasse);
- die Beendigung des Arbeitsverhältnisses (Kündigungsfristen, fristlose Auflösung, Konkurrenzverbot).

Diese Bestimmungen des OR müssen ebenfalls berücksichtigt werden. Sie gelten indessen nicht für alle Arbeitnehmer gleichermassen: Wer in einem *öffentlichen Dienstverhältnis* steht, wie z.B. ein SBB- oder PTT-Beamter, Krankenschwestern, Lehrer und Beamte, unterliegt besonderen Vorschriften, die vom jeweiligen Gemeinwesen (Gemeinde, Kanton, Bund) aufgestellt werden. Diese Vorschriften können in wesentlichen Punkten vom Obligationenrecht abweichen.

Dürfen die Bestimmungen des OR zu meinen Ungunsten abgeändert werden?

Weil sich das Arbeitsverhältnis sehr einschneidend auf den Arbeitnehmer auswirkt, wird die Vertragsfreiheit in einer Reihe von Fällen eingeschränkt. Der Arbeitnehmer wird vom Gesetz als schwächere Vertragspartei geschützt, indem gewisse Bestimmungen des Obligationenrechts zu seinem Nachteil *nicht abgeändert* werden dürfen. Die wichtigsten Punkte:

- Der Arbeitnehmer kann auf die Ferien nicht gültig verzichten.
- Dem Arbeitnehmer darf während Krankheit, Unfall oder Militärdienst nur beschränkt gekündigt werden.

- Ein Verzicht auf die Möglichkeit der Kündigung des Arbeitsverhältnisses ist ungültig.
- Die Kündigungsschutzbestimmungen bei unverschuldeter Krankheit und Unfall, Schwangerschaft und Militärdienst dürfen nicht zuungunsten des Arbeitnehmers abgeändert werden.
- Die Bestimmungen über Lohnzahlungspflicht bei unverschuldeter Verhinderung des Arbeitnehmers dürfen höchstens zugunsten des Arbeitnehmers verbessert werden.
- Der Arbeitgeber darf Gegenforderungen mit der Lohnforderung nur soweit verrechnen, als sie pfändbar sind.

Im Gesetz steht unmissverständlich, dass der Arbeitnehmer während der Dauer des Arbeitsverhältnisses – und auch noch einen Monat nach dessen Beendigung – auf Forderungen, die sich aus unabdingbaren Vorschriften des Gesetzes ergeben – einzeln aufgezählt in Art. 361 und 362 des OR –, nicht verzichten kann. Verzichtklauseln (»per saldo«) in einem Vertrag sind in solchen Fällen ungültig, auch wenn der Arbeitnehmer sie unterschrieben hat.

Wichtig: Der Arbeitsvertrag gilt also nur soweit, als er den zwingenden Bestimmungen des OR nicht widerspricht. Und viele Bestimmungen des OR dürfen zuungunsten des Arbeitnehmers nicht abgeändert werden.

Tip: Es empfiehlt sich, einen *Fachmann beizuziehen,* wenn unklar ist, welche Bestimmungen massgebend sind.

Was gilt bei einem Gesamtarbeitsvertrag (GAV)?

In vielen Berufssparten oder einzelnen Betrieben gelten sogenannte Gesamtarbeitsverträge, das heisst Verträge, die zwischen Arbeitgeber- und Arbeitnehmerorganisationen (Gewerkschaften, Angestelltenverbände) abgeschlossen worden sind. Die GAVs sind eine Errungenschaft der Arbeiterbewegung, sie entstanden seit der Mitte des letzten Jahrhunderts. Heute gibt es insgesamt rund 1400 GAVs in der Schweiz. Die Gesamtarbeitsverträge garantieren meist bessere Arbeitsbedingungen und ein höheres Lohnniveau als die Einzelarbeitsverträge, sie schränken die Willkür des einzelnen Arbeitgebers ein. Viele Einzelfragen sind detaillierter und meist auch weitergehend geregelt als im Obligationenrecht.

Neben materiellen Vorschriften betreffend Löhne, Arbeitszeit, Ferien, Weiterbildung und Abgangsentschädigung enthalten die GAVs auch Bestimmungen, welche die Beziehungen zwischen den sogenannten »Sozialpartnern« regeln: das Schiedsgerichtsverfahren, Einigungsstellen und die »Friedenspflicht« des Arbeitnehmers (Streikverbot, solange der GAV gilt).

Wichtig: Die GAVs gelten in der Regel nur für die in den Arbeitnehmerverbänden organisierten Arbeitnehmer. Wer also nicht in der vertragsschliessenden Gewerkschaft Mitglied ist, kann sich nicht auf den GAV berufen, es sei denn, im Einzelarbeitsvertrag wurde die Anwendung des GAV vereinbart.

Ebensowenig kann ein Gewerkschafter diesen Gesamtarbeitsvertrag gegenüber einem Arbeitgeber durchsetzen, der nicht Mitglied des betreffenden Arbeitgeberverbandes ist.

Beispiel:

Bevor der kaufmännische Angestellte Hans Hauser den Vertrag abschloss, wollte er wissen, welchen Regeln sein Arbeitsverhältnis folgt. Er konnte in Erfahrung bringen, dass der in Zürich domizilierte Betrieb dem Verband Zürcher Handelsfirmen angeschlossen ist und dass zwischen diesem Verband und dem kaufmännischen Verein Zürich ein Gesamtarbeitsvertrag abgeschlossen worden ist, der das Arbeitsverhältnis in wesentlichen Punkten regelt.

Weil er selber Mitglied des KV Zürich ist, ist er diesem Gesamtarbeitsvertrag unterstellt. Das heisst, die dort vereinbarten Bestimmungen gelten für ihn, auch wenn gar kein schriftlicher Vertrag abgeschlossen worden wäre. Sein Vertrag geht jedoch mit der vereinbarten Gewinnbeteiligung, der massiven Lohnerhöhung und der langen Kündigungsfrist über diesen GAV hinaus.

Tip: In der Schweiz gibt es eine Vielzahl von GAVs, die hier nicht alle aufgezählt werden können. Am besten erkundigt man sich bei der entsprechenden Gewerkschaft oder beim BIGA (Bundesamt für Industrie, Gewerbe und Arbeit). Wer also sicher sein will, ob ein Gesamtarbeitsvertrag auf ihn anwendbar ist, muss *zwei Sachen abklären:*

- Ist der Arbeitgeber im betreffenden Arbeitgeberverband organisiert?
- Hat der Verband, dem der Arbeitnehmer angeschlossen ist, den GAV auch tatsächlich mitunterzeichnet?

Welche GAVs sind allgemeinverbindlich?

Einige der vielen Gesamtarbeitsverträge hat der Bundesrat oder die kantonale Behörde für allgemeinverbindlich erklärt. Das heisst, der GAV gilt obligatorisch für alle Arbeitgeber und Arbeitnehmer der betreffenden Branche. Es spielt also keine Rolle, ob der eine oder andere Mitglied des vertragschliessenden Verbands ist.

Ein solcher Vertrag kommt grundsätzlich genau gleich zustande wie die übrigen GAVs: Zwischen den Verbänden der Arbeitgeber und jenen der Arbeitnehmer werden die einzelnen Bestimmungen ausgehandelt. Der Unterschied liegt einzig darin, dass nun der Bundesrat den abgeschlossenen Vertrag allgemeingültig erklärt, weil er der Ansicht ist, dass der Vertrag für die betreffende Branche derart wichtig ist, dass er auf alle Anwendung finden sollte. Der Bundesrat macht allerdings von dieser Möglichkeit nur sparsam Gebrauch. Allgemeinverbindlich sind z.B. die GAVs für das Coiffeurgewerbe, für das Gastgewerbe und die Schreiner. Ist ein bestehender allgemeinverbindlicher GAV durch die Vertragsparteien abgeändert worden, muss die neue Fassung wiederum vom Bundesrat allgemeinverbindlich erklärt werden.

Das kann einige Monate in Anspruch nehmen. Während dieser Zeit ist der neue GAV nur für jene Arbeitnehmer und Arbeitgeber verbindlich, welche einem der vertragschliessenden Verbände angehören.

Was ist ein Normalarbeitsvertrag?

Neben Einzel- und Gesamtarbeitsvertrag gibt es auch noch den »Normalarbeitsvertrag«. Es handelt sich dabei um einen Vertragstyp, der nur sehr selten vorkommt. Es ist eine Art Gesamtarbeitsvertrag, der aber nicht von den Verbänden, sondern von Kantonen und Bund erlassen wird, um einzelne Berufsgruppen zu schützen, die aufgrund ihrer geringen Zahl oder ihrer besonderen Stellung kaum je in der Lage sind, einen GAV abzuschliessen.

So hat der Bund beispielsweise solche Verträge für Assistenzärzte im privaten Anstellungsverhältnis, für Erziehungspersonal in Heimen und Internaten, für das Pflegepersonal, für strahlenexponiertes Personal, für das Käsereipersonal und für Privatgärtner aufgestellt. Alle Kantone haben Normalarbeitsverträge (NAV) erlassen für hauswirtschaftliche und landwirtschaftliche Arbeitnehmer. Im Wallis findet man sogar einen NAV für Weinstockveredler und Kellerarbeiter. Die in diesen Verträgen aufgestellten Vorschriften können abgeändert werden. Die Normalarbeitsverträge gehen wie die GAVs meist vorteilhaft über das OR hinaus, was Ferien- und Lohnansprüche bei Krankheit betrifft.

Was gilt sonst noch im Arbeitsrecht?

Eine weitere Quelle wichtiger arbeitsrechtlicher Vorschriften ist das *Arbeitsgesetz.* Es enthält hauptsächlich Bestimmungen, die zum Schutze des Arbeitnehmers aufgestellt worden sind. Es geht vor allem um Vorschriften zur Unfallverhütung und Gesundheitsvorsorge. In diesem Gesetz ist ferner die Arbeits- und Ruhezeit sehr ausführlich geregelt. Weiter findet man Sondervorschriften für jugendliche und weibliche Arbeitnehmer.

Doch aufgepasst: Wie die Bestimmungen des OR gilt auch das Arbeitsgesetz *nicht für alle Arbeitnehmer.* Am Anfang des Arbeitsgesetzes wird ausführlich erläutert, für welche Betriebe und für welche Arbeitnehmer es zur Anwendung kommt. Bevor man sich auf dieses Gesetz stützt, muss man sehr genau abklären, ob der betreffende Betrieb dem Gesetz unterstellt ist. Das Kantonale Amt für Industrie, Gewerbe und Arbeit (KIGA) kann in jedem Fall näheren Aufschluss geben. Die Bestimmungen des Arbeitsgesetzes dürfen auf keinen Fall durch den Arbeitsvertrag eingeschränkt werden.

Unter Umständen werden wichtige Punkte auch ausserhalb des eigentlichen Arbeitsvertrages geregelt, zum Beispiel in *Betriebsordnungen* und Betriebsreglementen.

Dort findet man beispielsweise Bestimmungen, wie man sich im Betrieb zu verhalten hat, unter welchen Umständen etwa Überstunden zu leisten sind und wie sie geltend gemacht werden müssen. Solche Reglemente sind aber nur gültig, wenn im Arbeitsvertrag ausdrücklich auf sie verwiesen wurde. Werden sie im Verlaufe des Arbeitsverhältnisses abgeändert, müssen grundsätzlich die Kündigungsfristen eingehalten werden, bis sie angewendet werden dürfen – genau gleich, wie wenn während der Vertragsdauer der Arbeitsvertrag abgeändert würde.

Was muss unbedingt in den Vertrag?

Obwohl das Arbeitsverhältnis im Gesetz ausführlich geregelt ist, gibt es Punkte, die unbedingt im Vertrag erwähnt werden sollten:

- *Wieviel Stunden pro Woche muss ich arbeiten?* (So wird klar, welche Stunden als Überstunden bezahlt werden müssen.)
- Wie hoch ist mein monatlicher *Lohn?* (Wenn immer möglich, soll man weder einen Stunden- noch Taglohn, sondern einen Monatslohn festsetzen. Denn Arbeitnehmern, die im Monatslohn beschäftigt sind, werden Feiertage und Kurzabsenzen wie Arztbesuche etc. bezahlt.)
- Erhalte ich einen *Teuerungsausgleich?* (Wenn im Vertrag nichts vereinbart ist, wird die Teuerungszulage nicht geschuldet.)
- Habe ich Anspruch auf einen *»Dreizehnten«?* (Mit der vagen Bezeichnung »Gratifikation« sollte man sich nicht zufrieden geben. Nur wenn im Vertrag klar ein 13. Monatslohn abgemacht wurde, handelt es sich um einen Lohnbestandteil, der auch anteilsmässig auszuzahlen ist.)
- Wie hoch ist mein jährlicher *Ferienanspruch*? (Wenn nichts abgemacht wird, gilt das gesetzliche Minimum von 4 Wochen.)
- Wie lange ist die *Kündigungsfrist*? (Sonst gelten auch hier die gesetzlichen Vorschriften, die im Kapitel 14, »Die Kündigung«, Seite 153ff., nachzulesen sind.)
- Im Vertrag auf keinen Fall auf den *Überstundenzuschlag* von 25% verzichten.
- Wenn möglich keine *Konkurrenzverbots-Klausel* in den Vertrag aufnehmen (siehe Seite 172f.).
- Es empfiehlt sich auch, den Umfang der *Lohnzahlungspflicht* des Arbeitgebers bei Krankheit, Unfall und Militärdienst festzuhalten.

Wichtig: Klare *schriftliche Abmachungen* im Arbeitsvertrag ersparen Unklarheiten und Ärger im Streitfall.

3.

Arbeitszeit und Überstunden

Wie lange muss ich arbeiten? Diese Frage ist für jeden Arbeitnehmer zentral. Denn für die meisten beginnt das »Leben« erst danach, in der Freizeit. Mussten die Arbeiter zu Beginn der Industrialisierung noch bis zu 16 Stunden am Tag arbeiten, so setzte die Arbeiterbewegung im Verlauf der Jahrzehnte eine beträchtliche Verkürzung der Arbeitszeit durch. Die technologische Revolution ermöglichte es andererseits den Arbeitgebern, in kürzerer Zeit und mit weniger Arbeitskräften viel mehr zu produzieren. Heute sind durch die Rationalisierung zahlreiche Arbeitsplätze in Frage gestellt, die Zahl der Arbeitslosen nimmt zu.

Die Forderung nach einer weiteren Verkürzung der Arbeitszeit leitet sich daher nicht nur vom Bedürfnis des Arbeitnehmers her, einen Ausgleich zum erhöhten Stress zu finden, sondern auch vom Gedanken, die vorhandenen Arbeitsplätze auf alle zu verteilen.

Heute wird in der Schweiz im Durchschnitt immer noch *mehr als 42 Stunden* pro Woche gearbeitet, in einzelnen Branchen sogar über 45 Stunden. Gibt es eine Höchstarbeitszeit? Wann darf der Arbeitgeber Überstunden verlangen? Wie werden diese entschädigt? Alles Fragen, auf die das folgende Kapitel Antwort gibt.

Wie lange muss ich arbeiten?

»Eines schönen Tages kommt mein Chef und will, dass ich künftig pro Woche vier Stunden länger arbeite für den gleichen Lohn. Im Augenblick arbeite ich bereits mehr als viele meiner Kollegen, nämlich 46 Stunden in der Woche. Des Chefs kurze Erklärung: ›Sonst nehme ich eben einen anderen.‹«

Die Mitteilung des Arbeitgebers traf den Maler Müller hart. Soll er die Forderung des Arbeitgebers akzeptieren, weil er ohnehin am kürzeren Hebel sitzt und sonst mit einer Kündigung rechnen muss? Bevor wir ihm einen taktischen Rat geben können, sollte er erst einmal seine rechtliche Situation kennen.

Allgemein gilt: *Die Dauer der wöchentlichen Arbeitszeit ist im konkreten Arbeitsvertrag festgelegt.* Das kann ein Einzelarbeitsvertrag sein, das heisst, er ist zwischen Arbeitgeber und Arbeitnehmer abgeschlossen worden, oder ein Gesamtarbeitsvertrag (GAV).

- *Wenn ein GAV vorliegt:* Als Gewerkschafter untersteht Bauarbeiter Müller dem zwischen der Gewerkschaft Bau und Industrie und dem Basler Malergewerbe abgeschlossenen Gesamtarbeitsvertrag (GAV). Obwohl der in Basel wohnende Müller keinen schriftlichen Vertrag hat, muss sich der Arbeitgeber auch in seinem Fall an den GAV halten, und der sieht für ihn eine durchschnittliche Höchstarbeitszeit von 41 Stunden (Stand 1993 für die Stadt Basel) pro Woche vor. Er hat also schon bisher 5 Stunden zuviel gearbeitet!

  Mit anderen Worten: *Die Arbeitszeit ist klar festgelegt und darf vom Arbeitgeber nicht einfach abgeändert werden.* Er kann die Arbeitszeit nicht einmal dadurch abändern, dass er dem Arbeitnehmer einfach kündigt, um ihn dann zu einer höheren Arbeitszeit wieder einzustellen. Solange der GAV in Kraft ist, das heisst weder abgelaufen noch durch eine der Vertragsparteien gekündigt worden ist, darf davon auch im Einzelfall nicht abgewichen werden.
- *Wenn ein Einzelarbeitsvertrag vorliegt:* Franz Meier ist in der gleichen Situation, arbeitet jedoch als Schneider in einem Zweimannbetrieb auf dem Land. Er ist nicht organisiert, und in seiner Branche existiert kein Gesamtarbeitsvertrag. Er ist ohne jegliches schriftliche Dokument, hat aber seit seiner Anstellung stets gleich lange gearbeitet.

In seinem Fall muss von einem mündlich abgeschlossenen Arbeitsvertrag ausgegangen werden, und die bisher geleistete Arbeitszeit ist als die vertraglich vereinbarte zu betrachten. Auch hier *kann der Arbeitgeber nicht ohne weiteres die Arbeitszeit hinaufsetzen*. Seine Forderung zielt nämlich auf eine Vertragsänderung in einem wesentlichen Punkt hin, der nur im gegenseitigen Einverständnis abgeändert werden darf. Will also der Arbeitgeber an seiner Forderung festhalten, muss er zuerst die Kündigungsfristen einhalten (siehe Seite 153ff.). Erst nach Ablauf dieser Frist kann er die Arbeitszeit neu festlegen.

Welches ist die gesetzliche Höchstarbeitszeit?

Beliebig hoch darf der Arbeitgeber jedoch nicht gehen, auch wenn im Arbeitsvertrag keine Höchstarbeitszeit festgesetzt worden ist. Denn solche Grenzen sieht das Arbeitsgesetz vor, das zum Schutz des Arbeitnehmers eine Reihe von Bestimmungen enthält, so auch bezüglich Arbeitszeit. In Artikel 12 des Arbeitsgesetzes ist vorgeschrieben, dass Arbeitnehmer in industriellen Betrieben sowie Büropersonal, technische und andere Angestellte, mit Einschluss des Verkaufspersonals in Grossbetrieben des Detailhandels, wöchentlich *höchstens 45 Stunden* und alle übrigen Arbeitnehmer *höchstens 50 Stunden* arbeiten dürfen. In ganz bestimmten Fällen (Arbeit in Apotheken, im Gastgewerbe, Redaktionen von Zeitungen und dergleichen) sieht Artikel 27 des Arbeitsgesetzes allerdings Ausnahmen vor.

Als Schneider fällt Franz Meier unter die zweite Kategorie. Von ihm können also maximal 50 Stunden verlangt werden. Sein Arbeitgeber kennt offenbar dieses Gesetz ganz genau, denn zu den bisher 46 Stunden verlangt er von Meier genau vier zusätzliche Stunden. Meier kann von seinem Chef nur verlangen, dass er die verlängerte Arbeitszeit erst nach Ablauf der Kündigungsfrist erbringen muss.

Darf die Höchstarbeitszeit überschritten werden?

Über die gesetzlich festgelegten Höchstarbeitszeiten (45 bzw. 50 Stunden) hinaus darf *nur ausnahmsweise* und in beschränktem Umfang gearbeitet werden. Als Grund kommt etwa die Dringlichkeit der Arbeit oder der ausserordentliche Arbeitsanfall in Frage. Aber auch in den zulässigen Ausnahmefällen darf nicht unbeschränkt über die gesetzliche Arbeitszeit hinaus gearbeitet werden: Pro Tag höchstens zwei Stunden und im Kalenderjahr maximal 220 Stunden.

Dabei gilt folgende zusätzliche *Einschränkung:* Verlangt der Arbeitgeber mehr als 60 Stunden pro Jahr, braucht er sogar eine behördliche Bewilligung.

Die Zeit, die über die gesetzlich festgelegte Höchstarbeitszeit hinaus gearbeitet wird, wird als *Überzeit* bezeichnet. Natürlich steht dem Arbeitnehmer dafür eine Entschädigung zu. Er erhält denselben Zuschlag wie bei Überstunden (siehe unten). Für Sonntagsarbeit gilt generell allerdings ein Zuschlag von 50%. Im Unterschied zum Überstundenzuschlag (siehe Seite 42) darf der Zuschlag der Überzeit vertraglich nicht wegbedungen werden.

Was sind Überstunden?

Mit der Überzeit nicht zu verwechseln sind Überstunden. Darunter versteht man die Zeit, welche der Arbeitnehmer über seine *vertraglich* festgesetzte Arbeitszeit hinaus arbeitet. Diese liegt ja in den allermeisten Fällen unter der gesetzlichen Höchstarbeitszeit, z.B. bei 40, 42 oder 44 Stunden pro Woche. Was der Arbeitnehmer über diese Stunden hinaus arbeitet, gilt als Überstunden. Auch wenn jemand Teilzeit arbeitet und im Vertrag 25 Stunden pro Woche festgelegt sind, so zählen alle zusätzlichen Arbeitsstunden als Überstunden.

Wird in einem Betrieb mit *gleitender Arbeitszeit* gearbeitet, gilt das Überschreiten der wöchentlichen Arbeitszeit noch nicht unbedingt als Überstunden. Erst wenn die Mehrarbeit betrieblich notwendig war und nicht auf die individuelle Gestaltung der Arbeitszeit durch den Arbeitnehmer zurückzuführen ist, kann von Überstunden gesprochen werden.

Die gesetzlichen Bestimmungen zu den Überstunden werfen zahlreiche Fragen auf: Wann sind Überstunden nötig? Wann dürfen Überstunden nach »Treu und Glauben« zugemutet werden? Oder: Muss die Entschädigung von Überstunden sofort geltend gemacht werden – ist es zu spät, wenn der Arbeitnehmer erst nach Beendigung des Arbeitsverhältnisses diese Fragen aufwirft?

Wann darf der Arbeitgeber Überstunden von mir verlangen?

Martin Gross ist in einer kleinen mechanischen Werkstatt als Werkzeugmeister tätig. Laut Arbeitsvertrag muss er 42 Stunden pro Woche arbeiten. Sein Chef kommt mit den Lieferterminen oft unter Druck und verlangt von ihm immer wieder erhebliche Überstunden, manchmal sogar am Wochenende. Nicht selten ist Gross so auf eine 50-Stunden-Woche gekommen. Bisher sind ihm die Überstunden lediglich zum üblichen vertraglichen Stundenansatz entschädigt worden. Gross weiss, dass er an sich für Überstunden einen Zuschlag verlangen könnte. Er getraute sich jedoch bis heute nicht, diesen auch geltend zu machen, weil er wegen der gegenwärtigen wirtschaftlichen Lage eine Kündigung nicht riskieren wollte. Schliesslich hat ihm sein Chef schon verschiedentlich zu verstehen gegeben, dass er ja einen anderen Arbeitsplatz suchen könne, wenn er es nur schon wagte, Kleinigkeiten am Arbeitsplatz zu kritisieren.

Nach dem Gesetz kann der Arbeitgeber Überstunden nur verlangen, wenn sie notwendig sind. Kann der Arbeitgeber diesen Nachweis nicht erbringen, darf er vom Arbeitnehmer keine Mehrarbeit verlangen. Überstunden werden nur dann für notwendig erachtet, »wenn seitens des Arbeitgebers ein betriebliches und produktionstechnisches Bedürfnis besteht«. Das bedeutet zweierlei: Der Arbeitgeber muss ein solches Bedürfnis geltend machen und allenfalls auch nachweisen.

Das heisst jedoch nicht, dass der Arbeitgeber mit dieser Begründung ständig Überstunden verlangen kann. Vom Gesetz her sind ihm ohnehin Grenzen gesetzt: Er darf ohne behördliche Bewilligung nicht mehr als 60 Stunden pro Jahr fordern (siehe oben).

Das ist bei der 50-Stunden-Woche von Martin Gross, dessen gesetzliche Höchstarbeitszeit 45 Stunden wöchentlich beträgt, bald einmal der Fall. Aber auch unabhängig von dieser gesetzlichen Maximalzahl ist fraglich, ob Gross wegen der von seinem Chef ständig angerufenen Probleme mit den Lieferfristen regelmässig Überstunden leisten muss. Wenn diese Überstunden gleichsam zum Normalfall werden, stellt sich die Frage, ob der Betrieb richtig geführt ist. Entweder muss der Arbeitgeber mehr Leute einstellen oder aber auf gewisse Aufträge verzichten. Denn Überstunden sind nach der gesetzlichen Absicht nur für Ausnahmefälle vorgesehen.

Überstunden auch ohne Anordnung?

Wichtig ist ferner, dass die Überstunden vom Arbeitgeber angeordnet werden. Dabei genügt es, dass der unmittelbare Vorgesetzte den Arbeitnehmer hierzu auffordert. Es sei denn, aufgrund der konkreten betrieblichen Organisation sei dieser Entscheid einer bestimmten Person vorbehalten. Dann darf nur auf ihre Anordnung hin mehr gearbeitet werden. Nur in diesen Fällen müssen Überstunden mit dem entsprechenden Zuschlag (siehe unten) entschädigt werden. Es gibt indessen auch Ausnahmefälle, wo der Arbeitnehmer ohne ausdrückliche Willenskundgebung durch den Vorgesetzten Überstunden zu leisten hat.

Wenn der Chef von Martin Gross beispielsweise plötzlich schwer erkrankt und seine geschäftlichen Verpflichtungen vorübergehend nicht mehr wahrnehmen kann, muss Gross selbstverständlich einspringen und unter Umständen auch Überstunden leisten.

Wenn die Überstunden zur Wahrung berechtigter Interessen des Arbeitgebers erforderlich sind, muss sie der Arbeitnehmer also auch ohne Wissen und Anordnung seines Arbeitgebers erbringen. In solchen Fällen empfiehlt es sich, den Arbeitgeber so bald wie möglich zu informieren und eine nachträgliche Genehmigung zu verlangen.

Beispiele aus der Gerichtspraxis:

Ein Basler Angestellter hatte wöchentlich über seine Arbeit rapportiert und dabei auch die von ihm geleisteten Überstunden angegeben. Als der Arbeitgeber die geforderte Entschädigung bestreiten wollte, weil die Überstunden nicht angeordnet worden seien und auch kein entsprechendes Arbeitsergebnis vorgelegen habe, hielt ihm das Gericht entgegen, dass er dies dem Arbeitnehmer sofort hätte klarmachen müssen.

Andererseits verweigerte dasselbe Gericht einem Buchhalter die Überstunden-Entschädigung, weil – allerdings nur mündlich – vereinbart worden war, dass er keinen Überstundenzuschlag erhalte. Nachträglich verlangte er nun trotzdem eine Überstunden-Entschädigung mit der Begründung, dass ein solcher Verzicht nach gesetzlicher Vorschrift schriftlich hätte erfolgen sollen. Das Gericht erachtete das Vorgehen des Buchhalters aufgrund der konkreten Umstände als rechtsmissbräuchlich und lehnte seine Forderung ab.

Kann ich Überstunden verweigern?

Der Arbeitnehmer ist grundsätzlich verpflichtet, Überstunden zu leisten. Verweigern darf er sie nur, wenn er sie nicht zu leisten vermag oder wenn sie ihm nach »Treu und Glauben« nicht zugemutet werden können. Im Vordergrund stehen dabei vor allem *gesundheitliche Überlegungen*. Schwierig zu beantworten ist die Frage, wann

Überstunden sonst noch unzumutbar sind. Diese Frage kann nicht generell beantwortet werden.

Der alleinstehende Martin Gross, der wegen der schlechten Zugverbindungen jeweils einen längeren Arbeitsweg in Kauf nehmen muss, wird sich weniger auf die Unzumutbarkeit berufen können als etwa eine berufstätige Mutter, die ihr Kind abends bei den Pflegeeltern abholen muss und deshalb auf einen pünktlichen Arbeitsschluss angewiesen ist. Bei Gross stellt sich höchstens die Frage, ob der Mehraufwand für den Arbeitsweg nicht als Arbeitszeit zu betrachten ist und entsprechend entschädigt werden müsste. Wenn der Chef den Martin Gross jedoch so lange arbeiten lassen will, dass er den letzten Zug nicht mehr erreicht, ist auch bei Gross Unzumutbarkeit anzunehmen.

Wie werden Überstunden entschädigt?

Die Überstunden müssen alle zusätzlich entschädigt werden. Der Lohn besteht aus dem normalen Stundenlohn und einem *Zuschlag von mindestens 25 Prozent*, wobei der 13. Monatslohn selbstverständlich mitberücksichtigt wird. Bei Monatslohn wird der durchschnittliche Stundenlohn zuerst ausgerechnet.

Gilt der Zuschlag in jedem Fall? Wenn zu diesem Zeitpunkt im Vertrag nichts steht, ist die Sache klar: Der Zuschlag von mindestens einem Viertel muss ohne Einschränkung bezahlt werden. Diese gesetzliche Vorschrift kann indessen im Vertrag abgeändert werden. Der Arbeitnehmer kann im Extremfall darauf gänzlich verzichten.

Ein solcher Verzicht muss jedoch ausdrücklich erfolgen. Beim Vorliegen eines schriftlichen Arbeitsvertrages muss der Verzicht im Vertrag enthalten sein. Nicht verzichten kann der Arbeitnehmer auf den Zuschlag dann, wenn er über die gesetzliche Arbeitszeit hinaus (45 bzw. 50 Stunden wöchentlich, siehe Seite 37f.) gearbeitet hat. Nach Arbeitsgesetz ist in einem solchen Fall der Zuschlag von 25 Prozent stets geschuldet. Nach dem Zürcher Arbeitsgericht gilt dies (entgegen der Formulierung in Artikel 13 des Arbeitsgesetzes) auch für das Büropersonal sowie die technischen und anderen Angestellten, mit Einschluss des Verkaufspersonals in Grossbetrieben des Detailhandels.

Wann ist der Zuschlag geltend zu machen?

Was passiert, wenn Martin Gross die Entschädigung für die geleisteten Überstunden erst bei Beendigung des Arbeitsverhältnisses geltend macht? Kann ihm dann der Arbeitgeber entgegenhalten, er sei zu spät?

Nach dem wichtigen Artikel 341 des Obligationenrechts kann der Arbeitnehmer auf Forderungen, die sich aus unabdingbaren Vorschriften des Gesetzes ergeben, während der Dauer des Arbeitsverhältnisses und einen Monat nach dessen Beendigung gar nicht verzichten. Überstunden dürfen innerhalb der Verjährungsfrist von fünf Jahren auch noch nach Beendigung des Arbeitsverhältnisses geltend gemacht werden. Allerdings mit einer wichtigen Einschränkung: Der Überstundenzuschlag darf weder durch eine schriftliche Abrede noch einen Normalarbeitsvertrag, noch einen Gesamtarbeitsvertrag ausgeschlossen worden sein.

Wenn jedoch diesbezüglich nichts vereinbart worden ist, gilt die Entschädigung mit einem Zuschlag als Normalfall. Darauf kann der Arbeitnehmer wie gesagt nicht ohne weiteres verzichten. Dies gilt auch dann, wenn in Verträgen oder Firmenreglementen steht, dass Überstunden in einer bestimmten Frist abgerechnet werden müssen, ansonsten der Anspruch verlorengehe.

Solche Bestimmungen gehen zu weit und können vom Arbeitgeber nicht angerufen werden. Sobald er nämlich die geleisteten Überstunden akzeptiert hat, muss er sie auch entschädigen, auch wenn der Arbeitnehmer nach dieser Frist abrechnet. Fraglich ist einzig, ob der Arbeitnehmer nach Ablauf einer längeren Zeit noch beweisen kann, dass er tatsächlich Überstunden geleistet hat.

Darf ich Überstunden kompensieren?

Zu Auseinandersetzungen führt immer wieder die Frage, ob geleistete Überstunden kompensiert werden dürfen oder müssen. Kann Martin Gross zum Beispiel am Monatsende einen Tag freinehmen, wenn er acht Überstunden geleistet hat? Oder umgekehrt: Darf ihn sein Arbeitgeber dazu zwingen?

Die gesetzliche Regelung ist hier eindeutig. Wenn die Überstunden kompensiert werden sollen mit Freizeit, braucht es *das Einverständnis beider Seiten*. Der Arbeitgeber darf sie nicht einseitig verlangen. Ebensowenig kann der Arbeitnehmer von sich aus einfach freinehmen. Wenn sich die beiden Parteien nicht einigen können, müssen die Überstunden entschädigt werden, und zwar nach dem Gesetz mit dem Zuschlag von mindestens einem Viertel des Stundenlohns. Auf diesen Zuschlag kann jedoch durch vertragliche Abrede verzichtet werden.

Wie können Überstunden kontrolliert werden?

Bei der Überstundenkontrolle kommt es immer wieder zu Konflikten, weil keine klaren Abmachungen vorliegen. Solche Schwierigkeiten können jedoch vermieden werden, wenn zum vornherein eindeutige Verhältnisse geschaffen worden sind bzw. wenn solche Verhältnisse regelmässig wiederhergestellt werden.

Tip: Neben einer klaren vertraglichen Ausgangslage sollte der Arbeitnehmer darauf achten, dass in Sachen Überstunden periodisch abgerechnet wird. Das bedeutet zunächst einmal, dass er die von ihm geleisteten Überstunden *mindestens monatlich* geltend macht oder wenigstens vom Arbeitgeber schriftlich anerkennen lässt. Wenn er damit bis zum Ende des Arbeitsverhältnisses zuwartet, ist es meist sehr schwierig, die einzelne Situation präzise zu rekonstruieren, was mühsame Auseinandersetzungen geradezu provoziert. Auf jeden Fall sollte der Überstundensaldo *spätestens Ende Jahr* ermittelt und dem Arbeitgeber unterbreitet werden.

Erhalten auch leitende Angestellte den Zuschlag?

Hans Meier, Betriebsleiter einer kleinen Firma, leistete während seiner fünfjährigen Anstellung über 500 Überstunden. Das Arbeitsverhältnis wurde wegen Differenzen aufgelöst, und er stellte Rechnung für die geleistete Mehrarbeit. Arbeitnehmer in Kaderpositionen werden bezüglich Überstunden jedoch nicht gleich behandelt wie ihre Arbeitskollegen in untergeordneten Positionen. Von ihnen können nämlich unter Umständen *Überstunden ohne spezielle Entschädigung* verlangt werden.

Oft ist es schon schwierig, aufgrund des Arbeitsvertrages die zu leistende Arbeitszeit zu ermitteln, denn bei ihnen wird besonderes Gewicht auf die Umschreibung des Arbeitsgebietes und der damit verbundenen Pflichten gelegt, in der Meinung, dass bei Erfüllung dieser Aufgaben die zeitliche Komponente nicht im Vordergrund steht. Entscheidend ist, ob die Aufgaben zunächst einmal unabhängig von einer zeitlichen Limite umschrieben werden und ob diese Aufgaben tatsächlich jenen eines leitenden Angestellten entsprechen.

So musste nach einem Urteil des Zürcher Arbeitsgerichts die Gerantin eines Cafés auf ihre Überstunden-Entschädigung nicht verzichten, weil sie »die vertragliche, für eine Gerantin typische Arbeit gar nicht ausübte« und lediglich bescheidene Kompetenzen innehatte.

Es genügt auch nicht, dass der Angestellte in der betrieblichen Hierarchie einen oberen Platz einnimmt. Entscheidend ist, ob er tatsächlich leitende Funktionen ausübt. Nur dann darf von ihm verlangt werden, dass er je nach Bedarf eine höhere Leistung vollbringt als seine Untergebenen. Als leitender Angestellter hat er als Ausgleich für diese Verpflichtung grössere Freiheiten, z.B. in der Gestaltung seiner Arbeitszeit, oder andere Leistungen (höherer Lohn, mehr Ferien).

Wenn im Vertrag des leitenden Angestellten die Arbeitszeit stundenmässig genau fixiert ist, muss jedoch – wenn sonst nichts Gegenteiliges abgemacht worden ist – davon ausgegangen werden, dass die Überstunden zu entschädigen sind. Um Zweifelsfälle von vornherein zu vermeiden, tut ein höherer Angestellter gut daran, diese Frage im Vertrag ausdrücklich zu regeln. Fest steht indessen, dass auch von leitenden Angestellten Überstunden nicht unbeschränkt verlangt werden können. Die Schranke kann jedoch nur im konkreten Fall ermittelt werden.

Ausschlaggebend ist dann auch die Frage, ob im Einzelfall der Persönlichkeitsschutz des Arbeitnehmers gewährleistet ist.

Gilt die Pause als Arbeitszeit?

Bei einer täglichen Arbeitszeit von mehr als sieben Stunden muss die Arbeit nach zwingender Vorschrift durch *eine Pause von mindestens einer halben Stunde und nach einer Arbeitszeit von fünf Stunden durch eine solche von einer viertel Stunde* unterbrochen werden. Unter bestimmten Umständen gelten jedoch auch solche Pausen als Arbeitszeit, dann nämlich, wenn der Arbeitnehmer den Arbeitsplatz nicht verlassen darf.

Als Arbeitsplatz gilt jeder Ort im Betrieb oder ausserhalb des Betriebs, an dem sich der Arbeitnehmer zur Ausführung der ihm zugewiesenen Aufgabe aufzuhalten hat. Wenn die Arbeit zwar ruht, der Arbeitnehmer aber während der Pause an der von ihm bedienten Maschine verbleiben und sich arbeitsbereit halten oder aber eine technische Einrichtung oder andere Arbeitnehmer kontrollieren oder überwachen muss, darf nicht von einer Pause gesprochen werden. Der Arbeitnehmer muss sich aus der Arbeitsatmosphäre entfernen und voll entspannen können.

Gilt der Arbeitsweg als Arbeitszeit?

Wenn der Arbeitsort des Arbeitnehmers fix ist, bietet diese Frage in der Regel keine Schwierigkeiten: Die Arbeitszeit beginnt zu laufen, wenn der Arbeitnehmer an seinem Arbeitsort eingetroffen ist. Das gilt auch dann, wenn er einen langen Arbeitsweg hat.

Schwieriger ist indes, wenn der Arbeitsort aufgrund des Vertrages nicht feststeht. Bauarbeiter Müller beispielsweise wird immer wieder auf einer neuen Baustelle eingesetzt. Bisher galt, dass man sich im Magazin des Unternehmens besammelte, wo die Equipen zusammengestellt und das erforderliche Material aufgeladen wurde. Künftig will der Chef jedoch, dass man sich direkt auf der Baustelle einfindet, weil der Arbeitsort für die nächsten Monate fest bleibt und sich sämtliches Material bereits auf der Baustelle befindet. Aufgrund dieser Änderung verlängert sich der Arbeitsweg für Müller von früher einer halben Stunde auf eine ganze Stunde.

Das muss er sich nicht gefallen lassen: Im bereits erwähnten GAV nämlich steht zu diesem Thema: »Beträgt bei auswärtigen Arbeiten die tägliche Reisezeit für Hin- und Rückfahrt ab und zur Sammelstelle weniger als eine Stunde, wird diese Reisezeit nicht entschädigt. Übersteigt sie indessen eine Stunde, so ist die Mehrzeit zum normalen Stundenlohn ohne Zuschlag zu vergüten.« Mit der neuen Regelung hätte Müller einen Arbeitsweg von rund zwei Stunden täglich. Aufgrund der genannten Bestimmung muss er dies nicht entschädigungslos akzeptieren.

Der gewerkschaftlich nicht organisierte Huber kann sich ausnahmsweise ebenfalls auf diese Bestimmung berufen, weil der GAV für das Baugewerbe vom Bundesrat zum Teil allgemeinverbindlich erklärt wurde.

Selbst wenn die Allgemeinverbindlicherklärung nicht erfolgt wäre, sähe Hubers Stellung nicht so schlecht aus: Er könnte sich nämlich auf den Standpunkt stellen, dass der vertraglich vereinbarte Arbeitsort das Magazin des Unternehmens ist, wo man sich bisher zur festgesetzten Zeit besammelt hat. Er muss sich also als Arbeitsweg lediglich die Zeit anrechnen lassen, die er von seiner Wohnung bis zur Sammelstelle jeweils braucht. Was darüber hinausgeht, gilt als Arbeitszeit!

4.

Mein Lohn

Der Lohn ist das Entgelt, das der Arbeitgeber dem Arbeitnehmer als Gegenleistung für die zur Verfügung gestellte Arbeitskraft bezahlen muss. Wer arbeitet, hat dafür einen Lohn zugut. Eine zunächst banale Feststellung, die dennoch eine Menge Fragen aufwirft. Am häufigsten kommt es zu Streitigkeiten mit dem Arbeitgeber bei Lohnfragen. Und wenn es ums Geld geht, stehen sich auch verschiedene Interessen gegenüber.

Der Arbeitgeber will mit seinem Betrieb möglichst viel Gewinn herauswirtschaften, er muss im Konkurrenzkampf bestehen und will neue Maschinen anschaffen. Der Arbeitnehmer dagegen will einen Lohn, der seiner Leistung entspricht und ihm einen bestimmten Lebensstandard ermöglicht.

Die wichtigsten Fragen kreisen daher um die Höhe des Lohnes: Wieviel Lohn hat der Arbeitnehmer zugut? Gibt es einen Minimallohn, der in jedem Fall ausbezahlt werden muss? Was passiert, wenn in den Vertragsverhandlungen über den Lohn gar nicht gesprochen worden ist?

Wie hoch ist mein Lohn?

Im Normalfall ist die Höhe des Lohnes im schriftlichen Arbeitsvertrag enthalten. In vielen Fällen liegt jedoch nichts Schriftliches vor. Zwischen den beiden Vertragspartnern hat lediglich ein Gespräch stattgefunden, in dessen Verlauf über die wichtigsten Punkte des Arbeitsverhältnisses gesprochen worden ist.

In solchen Fällen ist Vorsicht am Platz: Weil solche Gespräche oft unter vier Augen ablaufen, hat man im Konfliktfall buchstäblich nichts in den Händen. Wie will da der Angestellte Meier dem Richter etwa beweisen, dass sein Chef nach einer halbjährigen Einarbeitungszeit eine zehnprozentige Lohnerhöhung ohne jegliche Einschränkung in Aussicht gestellt hat? Vielleicht hat er sie tatsächlich von zufriedenstellenden Leistungen abhängig gemacht, wie er nun behauptet, als Meier auf sein vermeintliches Recht pochen will.

Bei solchen Konflikten muss gar nicht immer böser Wille der einen oder anderen Seite im Spiel sein. Meist liegen ihnen Missverständnisse zugrunde, die sich im Verlaufe der Vertragsverhandlungen eingeschlichen haben, weil jeder unter dem gleichen etwas anderes verstanden hat.

Wichtig: Im Zusammenhang mit dem Thema Lohn empfiehlt es sich sehr, schon beim Vertragsabschluss auf *klare Regelungen zu* drängen und sich nicht mit vagen Versprechungen über künftige Lohnerhöhungen zufriedenzugeben. Was sich nicht in klaren Worten aufs Papier bringen lässt, ist oft nicht viel wert!

Gibt es einen Minimallohn?

Für Arbeitnehmer, die einem Gesamtarbeitsvertrag (GAV) unterstehen, sind fast immer *Mindestlöhne* vorgeschrieben, die in Einzelarbeitsverträgen nicht unterschritten werden dürfen. Mehr darf jedoch stets bezahlt werden. Aber aufgepasst: Solche Verträge gelten nur für jene Arbeitnehmer, welche der Gewerkschaft angehören, die den Gesamtarbeitsvertrag unterschrieben hat.

Wichtig: Es besteht die Möglichkeit, sich mit Zustimmung der Vertragsparteien (Arbeitgeber und Gewerkschaft) dem GAV anzuschliessen. Für diesen Anschluss kann jedoch ein angemessener finanzieller Beitrag verlangt werden.

Nur in Ausnahmefällen gelten GAVs auch für Arbeitnehmer, die dem betreffenden Verband nicht angeschlossen sind: In diesen Fällen muss der GAV allgemeinverbindlich erklärt worden sein. Das ist beispielsweise beim GAV für das Gastgewerbe der Fall. Die dort festgelegten Mindestlöhne gelten somit für sämtliche Arbeitnehmer dieses Gewerbes.

Ausserhalb des Bereiches von Gesamtarbeitsverträgen existieren grundsätzlich keine Minimallohnbestimmungen. Für bestimmte, eher seltene Berufsarten können jedoch Bund und Kantone in sogenannten Normalarbeitsverträgen Bestimmungen erlassen, die auch Minimallöhne festlegen.

In allen anderen Fällen ist der Arbeitgeber bei der Festsetzung des Lohnes völlig frei. Oft werden mit jedem Arbeitnehmer individuelle Verträge mit einem individuellen Lohn abgeschlossen, nicht selten mit dem Hintergedanken, auf diese Weise eine Solidarität der Arbeitnehmer zu verhindern. Deshalb sehen es Arbeitgeber meist nicht gerne, wenn ihre Angestellten untereinander offen über den Verdienst reden. Das kann ihnen jedoch nicht verboten werden.

Was geschieht, wenn über den Lohn nicht gesprochen wurde?

Immer wieder kommt es vor, dass bei mündlich abgeschlossenen Verträgen über die Höhe des Lohnes nicht gesprochen wurde, sei es, weil der Arbeitnehmer sich nicht an dieses heikle Thema heranwagte oder weil dieser Punkt beiden Seiten klar schien.

Wesentlich ist der Umstand, dass die Arbeit nicht unentgeltlich geleistet werden soll, dass man sich also einig war, dass ein Lohn zu zahlen ist. Aber auch das muss nicht ausdrücklich besprochen worden sein, denn in der Regel ergibt sich das aus den gesamten Umständen. Es muss schon eine besondere Situation vorliegen, wenn der Arbeitgeber mit Erfolg behaupten will, dass eine Lohnzahlungspflicht gar nicht bestehe. Im Normalfall arbeitet nämlich niemand während einer längeren Zeit unentgeltlich für einen Dritten.

Was also, wenn die Pflicht zur Zahlung eines Lohnes zwar feststeht, über die Höhe aber nicht geredet worden ist? Dann muss das bezahlt werden, was *üblich* ist. Das heisst, es muss in erster Linie auf die vergleichbaren Leistungen der betreffenden Branche abgestellt werden. Dabei spielen allfällig vorhandene Gesamtarbeitsverträge eine wesentliche Rolle. Die Ermittlung des üblichen Lohnes bietet in der Regel keine besonderen Schwierigkeiten. Auf jeden Fall sollten die Arbeitsgerichte den ortsüblichen Lohn kennen.

Beispiel:

Der 17jährige Marco Rivera wurde während fünf Monaten in einem Garagebetrieb beschäftigt, wobei von Anfang an beidseits die Meinung bestand, es gehe auch darum zu prüfen, ob ein anschliessendes Lehrverhältnis in Frage komme. Ein Lehrverhältnis kam in der Folge nicht zustande, weil der Betriebsinhaber die Leistungen von Marco für ungenügend hielt. Er wollte auch für die fünf Monate keinen Lohn bezahlen, weil Marco in seinem Betrieb eine Schnupperlehre absolviert und kaum eine produktive Arbeit geleistet habe. Indessen musste er eine 44-Stunden-Woche einhalten und hatte verschiedene Hilfsarbeiten, wenn auch in reduziertem Tempo, verrichtet. Seine Behauptung, es sei ihm ein Monatslohn von Fr. 500.– zugesichert worden, blieb bestritten und konnte nicht bewiesen werden.

Nach Meinung des Arbeitsgerichts konnte der Arbeitgeber aber nicht erwarten, dass Marco Rivera volle fünf Monate unentgeltlich in seinem Betrieb arbeiten würde, dauern doch Schnupperlehren in der Regel nicht mehr als ein bis zwei Wochen. Es hielt deshalb den beanspruchten Monatslohn von Fr. 500.– für angemessen, weil er das reduzierte Leistungsvermögen von Marco berücksichtigt.

Wie wird mein Lohn bemessen, wenn ich Akkord arbeite?

Grundsätzlich muss der Arbeitgeber den vereinbarten Lohn auch dann ausrichten, wenn die Leistungen des Arbeitnehmers seinen Erwartungen nicht entsprechen.

Anders verhält es sich, wenn ein *Akkordlohn* vereinbart worden ist: Die Entlöhnung richtet sich nach Massgabe des Arbeitsergebnisses. Akkordlohn ist Entschädigung nach der geleisteten Arbeit ohne Rücksicht auf die Länge der Arbeitszeit. Der Akkordlohnansatz muss spätestens vor Beginn der einzelnen Arbeit bekanntgegeben werden.

Immer wieder kommt es vor, dass dem Akkordarbeiter nicht genügend Arbeit zugewiesen wird. Nach dem Gesetz muss der Arbeitgeber so viel Arbeit zur Verfügung stellen, als während der Arbeitszeit bewältigt werden kann. Ist das nicht möglich, stellt sich die Frage, ob den Arbeitgeber ein Verschulden trifft. Ein solches liegt beispielsweise vor, wenn die Arbeit wegen schlechter Betriebsorganisation fehlt. Dann muss der Arbeitgeber den Akkordlohn trotzdem zahlen. Dieser kann aufgrund der bereits geleisteten Zahlungen errechnet werden. Trifft ihn kein Verschulden, muss er nur den für diese Arbeit üblichen Zeitlohn bezahlen.

Häufig sind *Mischformen von Leistungslohn und Zeitlohn* vereinbart. Das heisst, es wird ein bestimmter Grundlohn in jedem Fall geschuldet, und darüber hinaus wird je nach Arbeitsergebnis eine Prämie ausgerichtet. Wichtig ist, dass in solchen Fällen im Vertrag die einzelnen Elemente genau umschrieben werden. Es muss aus dem Vertrag erkennbar werden, was für eine Entlöhnungsart beabsichtigt war, und die Kriterien zur Bestimmung der Höhe des Lohnes müssen übersichtlich sein.

Diesen Ansprüchen genügte beispielsweise das Lohnreglement eines Betriebes nicht, das weder Grundlohnanteil noch Prämienanteil für besonders befriedigende Arbeitsleistungen im Reglement ausgeschieden hat. Es blieb unklar, welche Bestandteile des persönlichen Normallohnes eigentliche Prämien darstellen und nach welchen Kriterien sie ausbezahlt werden. Deshalb wendete das Gericht das Lohnreglement nicht an und stellte einzig auf den vertraglich abgemachten Lohn ab.

Wichtig: Lohnkürzungen, gestützt auf solche Reglemente, sind nur zulässig, wenn darin *alle Kriterien* zur Bestimmung der vertraglichen Höhe des Lohnes enthalten sind.

Darf der Arbeitgeber meinen Lohn kürzen?

Immer wieder kommt es vor, dass der Arbeitgeber den Lohn kurzerhand reduziert, wenn er mit dem Arbeitsergebnis seines Angestellten aus irgendwelchen Gründen nicht zufrieden ist. So wurde etwa einer Buchhalterin der Lohn nicht bezahlt, weil angeblich die Buchhaltung gar nicht brauchbar war. Ein Hilfselektriker verlegte die Leitungen mehr schlecht als recht und bekam ebenfalls nichts für seine Arbeit.

In beiden Fällen mussten Arbeitsgerichte die Streitfragen klären und hielten übereinstimmend fest, dass *schlechte Leistungen nie ein Grund sind, den Lohn nicht auszurichten oder ihn auch nur zu kürzen.* Denn der Lohn wird grundsätzlich allein dafür bezahlt, dass der Arbeitnehmer seine Arbeitskraft zur Verfügung gestellt hat, unabhängig davon, wie die Arbeit geleistet worden ist.

Ist der Arbeitgeber mit der erbrachten Leistung nicht zufrieden, hat er einzig die Möglichkeit, dem Angestellten zu kündigen. Während der Probezeit kann er dies innert relativ kurzer Frist tun; nachher muss er die ordentliche Kündigungsfrist einhalten.

Dasselbe gilt auch bei einer betriebsinternen Versetzung. Wird ein Schriftsetzer z.B. infolge Umstrukturierung als Taster eingesetzt und soll an diesem Arbeitsplatz weniger verdienen, so muss ihm der Arbeitgeber regulär kündigen und nach Ablauf der Kündigungsfrist im neuen Vertrag einen tieferen Lohn vereinbaren (sofern der Arbeitnehmer damit einverstanden ist).

Merke also: *Der vertraglich abgemachte Lohn darf nicht gekürzt werden.* Möglich ist jedoch die Kürzung von freiwilligen Leistungen, die vertraglich nicht zugesichert worden sind. Dazu gehört die Gratifikation, solange sie nicht als Lohnbestandteil angesehen werden muss (siehe Seite 61f.).

Wenn der Arbeitnehmer die Kürzung als ungerechtfertigt empfindet und sich dagegen wehrt, liegt es am Arbeitgeber, ihre Berechtigung vor Gericht zu begründen. Wenn die Gratifikation im Vertrag betragsmässig nicht festgelegt worden ist, bleibt jedoch dem Arbeitgeber trotz allem ein grosser Ermessensspielraum. Er kann die Arbeitsleistungen seiner Angestellten individuell nach seinem Geschmack bewerten und entsprechend hohe oder tiefe Gratifikationen auszahlen. Anders verhält es sich nur, wenn die Höhe von vornherein festgelegt worden ist.

Habe ich Anrecht auf Teuerungszulagen?

Muss die Teuerung jedem Arbeitnehmer ausgeglichen werden? Eine Frage, die angesichts des ständig wachsenden Lebenskostenindexes von grosser Brisanz ist und immer wieder Missverständnisse auslöst. Denn viele Arbeitnehmer wissen nicht, dass *Teuerungszulagen nur geschuldet sind, wenn sie vertraglich zugesichert worden sind.* Einen automatischen Teuerungsausgleich gibt es bald nur noch bei den Staatsangestellten. In anderen Branchen haben es die Arbeitgeber abgelehnt, den Teuerungsausgleich weiterhin vertraglich zu garantieren.

Teuerungsabkommen sollen dem Arbeitnehmer, wenn auch nicht wert-, so doch immerhin betragsmässig einen höheren Lohn verschaffen. Hat der Arbeitgeber die Möglichkeit, vor Auszahlung der Zulage einfach den Grundlohn entsprechend zu kürzen? Nein, das darf er nicht. Denn das würde auf eine Umgehung solcher Teuerungsvereinbarungen hinauslaufen und wird vom Richter nicht geschützt, auch wenn der Arbeitnehmer hierfür seine Zustimmung gegeben hat.

In einem Entscheid aus dem Jahre 1978 jedenfalls hielt ein Gericht folgende Erklärung einer Firma für *ungültig:* »Lieber Mitarbeiter, Sie erklären sich hiermit durch Ihre Unterschrift damit einverstanden, dass Ihr Grundlohn um diesen Betrag herabgesetzt wird; das heisst, dass Ihr Bruttolohn unverändert bleibt.«

Wer bekommt Kinderzulagen?

Die Ausrichtung der Kinderzulagen untersteht kantonalem Recht. Wer bezugsberechtigt ist, wie hoch die Kinderzulage ist, wie sie berechnet wird und wie lange sie bezahlt werden muss: auf alle diese Fragen geben spezielle kantonale Gesetze Antwort.

Die Unterschiede sind jedoch nicht gross. In den meisten Kantonen kann derjenige Elternteil die Kinderzulagen beziehen, der die Hauptlast des Unterhalts der Kinder trägt. Wenn beide Ehepartner erwerbstätig sind, wird die Kinderzulage nur einmal ausgerichtet. Arbeitet jemand Teilzeit, hat er entsprechend kleinere Zulagen zugut.

In fast allen Kantonen ist die allgemeine Altersgrenze für den Bezug von Kinderzulagen auf *16 Jahre* festgelegt worden. Ausnahmen sind die Kantone Neuenburg (18 Jahre) und Genf (15 Jahre). Wenn das Kind sich in Ausbildung befindet, wird die Kinderzulage länger bezahlt. Allgemein gilt, dass die Kinderzulage bis zum vollendeten 25. Altersjahr ausgerichtet wird. Absolviert die Tochter oder der Sohn eines Arbeitnehmers ein Hochschulstudium oder macht eine zweite Lehre, so kann dieser Kinderzulagen beziehen.

Einige Kantone gewähren neben den Kinderzulagen noch spezielle Ausbildungs- und Geburtszulagen. Und in verschiedenen Gesamtarbeitsverträgen ist festgehalten, dass die Kinderzulagen allgemein bis zum vollendeten 18. Altersjahr des Kindes ausbezahlt werden.

Einzelne kantonale Gesetze, z.B. in Basel-Stadt, legen fest, dass Kinderzulagen nicht im Lohn eingeschlossen werden dürfen, sondern gesondert ausgewiesen werden müssen. Im Vertrag darf es also nicht heissen: »In diesem Lohn sind die Kinderzulagen inbegriffen.« Sind die Kinderzulagen nicht separat aufgeführt, kann der Arbeitnehmer deren Nachzahlung verlangen.

Kann ich einen Lohnvorschuss beziehen?

Der Angestellte Kaspar Meier ist unversehens in eine schwierige Lage geraten: Bei einem Fussballmatch ist ihm die gesamte Barschaft entwendet worden. Er verfügt im Augenblick über keinerlei flüssige Mittel, weil er im letzten Monat einige grössere Rechnungen beglichen hat. Schon schlägt er sich in Gedanken mit der Aufnahme eines teuren Kleinkredits herum, als sein Arbeitskollege ihn auf die Idee mit dem Vorschuss bringt. Er verspricht sich davon nicht viel, weil ihm der Arbeitgeber nicht sehr wohlgesinnt ist.

Wie ist die rechtliche Situation? Im Normalfall muss der Arbeitnehmer zuerst einmal einen ganzen Monat arbeiten, bis er seinen Lohn erhält, der Lohn wird am 25. des Monats ausbezahlt (siehe unten). In Ausnahmefällen kann der Arbeitnehmer seinen Lohn, oder wenigstens einen Teil davon, schon früher beanspruchen. Wenn der Arbeitnehmer nämlich in eine Notlage gerät, ist der Arbeitgeber verpflichtet, einen Vorschuss in der Höhe der bereits geleisteten Arbeit zu gewähren. Der Arbeitgeber darf ihn nur verweigern, wenn er dadurch ebenfalls in eine schwierige Lage geraten würde.

Kaspar Meier braucht also die schlechte Laune seines Chefs nicht zu fürchten. Er könnte notfalls seinen Anspruch sogar gerichtlich durchsetzen, was aber nicht sehr viel bringt, weil bis zum Urteil Wochen verstreichen werden. Am besten ist es deshalb, wenn er selbstbewusst auftritt und seinem Arbeitgeber klarmacht, dass es hier nicht um ein Almosen geht, sondern um einen Rechtsanspruch.

Ist eine Lohnzession zulässig?

Diese Frage gab während Jahren immer wieder zu reden und erregte die Gemüter erheblich. Bei der sogenannten Lohnzession tritt der Arbeitnehmer einem Gläubiger den künftigen Lohn bis zum Existenzminimum ab. Wenn beispielsweise die monatlichen Autoraten nicht mehr bezahlt werden können, hatte der Gläubiger bisher die Möglichkeit, direkt auf den Lohn des Schuldners zurückzugreifen. Dies war ohne jegliche zeitliche Schranke möglich. Ein Arbeitnehmer und seine Familie mussten also unter Umständen während Jahren mit dem Existenzminimum leben, wenn aus irgendeinem Grunde die Raten nicht mehr bezahlt werden konnten. Deswegen kam es immer wieder zu Fällen massiver Verschuldung von Arbeitnehmern. Der Gesetzgeber hat nun diesen Missstand behoben: In der Wintersession 1990 hat das eidgenössische Parlament eine Revision von Art. 325 OR beschlossen, welche vorsieht, dass künftig die Abtretung oder Verpfändung künftiger Lohnforderungen unzulässig ist. Diese Bestimmung trat am 1. Juli 1991 in Kraft.

Darf der Arbeitgeber einen Teil meines Lohnes zurückbehalten?

Muss der Arbeitgeber den ganzen Lohn am Monatsende auszahlen, oder darf er unter bestimmten Umständen einen Teil zurückbehalten? Der Handelsreisende Hugo Friedrich sah sich mit dieser Frage konfrontiert, als er die erste Monatsabrechnung entgegennahm, wo unter dem Stichwort »Rückbehalt« ein zehnprozentiger Lohnabzug aufgeführt war. Eine entsprechende Befugnis des Arbeitgebers konnte er dem Arbeitsvertrag nicht entnehmen, und auf eine mündliche Intervention hin bekam Hugo Friedrich lediglich die Antwort, dass der Arbeitgeber das bei allen Vertretern mache, die wie er für mehrere hundert Franken Ware übernommen hätten. Es sei eine Sicherstellung für den Fall, dass bei Beendigung des Arbeitsverhältnisses die Abrechnung nicht stimme.

Auch wenn das Bedürfnis des Arbeitgebers in diesem Fall wohl verständlich ist, darf dieser trotzdem nicht eigenmächtig einen Lohnabzug verfügen. Nach gesetzlicher Vorschrift ist er dazu nur befugt, *wenn ein Abzug verabredet worden ist* (Gesamtarbeitsverträge beachten!) oder in der Branche üblich ist. Selbst dann darf aber kein unbeschränkter Abzug vorgenommen werden: Vom einzelnen Lohn dürfen höchstens zehn Prozent abgezogen werden und im gesamten nicht mehr als der Lohn für eine Arbeitswoche.

Wichtig ist auch der Grundsatz, dass dieser Rückbehalt nur mit Forderungen des Arbeitgebers aus dem Arbeitsverhältnis verrechnet werden darf. Wenn also der Arbeitnehmer beim Arbeitgeber gleichzeitig eine Wohnung gemietet hat und diese wegen finanzieller Schwierigkeiten nicht bezahlen kann, darf der Chef nicht einfach den zurückbehaltenen Lohn für die ausstehende Miete verwenden. Der häufigste Fall für die Verwendung des sichergestellten Lohnes sind Ersatzforderungen des Arbeitgebers, wenn der Arbeitnehmer diesem grobfahrlässig oder absichtlich Schaden zugefügt hat (siehe Seite 95ff.).

Wann muss der Lohn ausbezahlt werden?

Nicole Nünlist wurde der Aprillohn erst am 15. Mai ausbezahlt. Ihr Chef meinte dazu, die Lohnbuchhaltung laufe nun über einen Computer und eine frühere Auszahlung sei nicht möglich. Muss Frau Nünlist das akzeptieren?

Wenn im Vertrag kein Lohnzahlungstermin vereinbart wurde, gilt die Bestimmung des OR, dass der Lohn am Monatsende ausbezahlt werden muss. Der Arbeitnehmer muss also seine vertragliche Leistung vor jener des Arbeitgebers erbringen. In den meisten Fällen werden die Löhne *um den 25. des Monats* ausbezahlt.

Was tun, wenn der Lohn nicht pünktlich überwiesen wird? Oft ist die Aufregung verfrüht: Aus irgendwelchen technischen Gründen hat sich die Abwicklung verzögert, und der Lohn trifft ein oder zwei Tage später ein. Viele Arbeitnehmer reagieren auf derartige Unregelmässigkeiten oft zu empfindlich und vermuten manchmal sogar irgendeine Bösartigkeit dahinter, vor allem, wenn Verzögerungen immer wieder vorkommen. Wenn im Vertrag als Zahlungstermin »Ende Monat« steht, kann vor Ablauf des betreffenden Monats noch gar nichts unternommen werden, denn theoretisch könnte der Arbeitgeber den Lohn am letzten Tag überweisen.

Was tun, wenn der Lohn nicht kommt?

Ist der Lohn wie im Fall von Nicole Nünlist auch am letzten Tag des Monats noch nicht überwiesen worden, so verletzt der Arbeitgeber den Arbeitsvertrag und begibt sich damit ins Unrecht. In der Juristensprache sagt man, er sei in Verzug gekommen. Was kann der Arbeitnehmer in dieser Situation unternehmen? Er hat verschiedene Möglichkeiten:

- Er kann grundsätzlich die Arbeitsleistung sofort verweigern, weil nach den allgemeinen Grundsätzen des Obligationenrechts der Arbeitgeber den Arbeitnehmer nur zur Erfüllung des Arbeitsvertrages anhalten kann, wenn er seinerseits die Verpflichtungen aus dem Vertrag erfüllt hat.

  Aber aufgepasst: In der Regel wird der Lohn schon am 25. des Monats überwiesen, obwohl er eigentlich erst am letzten Tag des Monats fällig wäre. Will man also die Arbeitsleistung verweigern, muss man bis anfangs nächsten Monat zuwarten. Die verbleibenden Tage sollte man aber nicht einfach verstreichen lassen, ohne den Arbeitgeber über die in Aussicht stehenden Massnahmen zu informieren. Möglicherweise lässt sich auf diese Weise ein Konflikt verhindern.

- Der Arbeitnehmer braucht indessen nicht unbedingt so weit zu gehen. Möglich wäre auch, dass er die Zahlung des Lohnes verlangt samt Verzugszinsen und Ersatz des Schadens, der durch die Verspätung entstanden ist, zum Beispiel die Kosten für den Kleinkredit, den er aufnehmen musste, um dringende Verpflichtungen zu bezahlen.
- Die nicht rechtzeitige Bezahlung des Lohnes ist daneben auch ein Grund für eine *fristlose Auflösung des Vertrages*. Diese Möglichkeit steht indessen nur offen, wenn der Arbeitgeber wiederholt verspätet auszahlte und der Arbeitnehmer mit der fristlosen Auflösung des Arbeitsverhältnisses bereits gedroht hat.
- Wenn der Arbeitnehmer befürchtet, dass der Arbeitgeber wegen Zahlungsunfähigkeit nicht mehr in der Lage ist, den Lohn zu bezahlen, hat er eine weitere Möglichkeit. Er kann unverzüglich *Sicherheit verlangen,* und zwar innert sehr kurzer Zeit, etwa zwei oder drei Tagen. Wenn innert dieser Zeit die Sicherstellung nicht geleistet wird, kann der Arbeitnehmer das Arbeitsverhältnis unverzüglich auflösen.

Wie merkt man, dass der Arbeitgeber zahlungsunfähig ist? Der Umstand, dass er den Lohn nicht rechtzeitig überweist, ist natürlich noch kein Beweis. Andererseits braucht es hierfür auch nicht unbedingt amtliche Feststellungen und Dokumente wie Konkursandrohung, Verlustscheine, Nachlassverfahren oder Konkursbegehren. Die Tatsache seiner Zahlungsunfähigkeit kann auch aus seinem Verhalten und den gesamten Umständen offensichtlich werden. Zum Beispiel eben gerade dadurch, dass er die verlangte Sicherheitsleistung innert der angesetzten Frist nicht geleistet hat.

Zur Vermeidung unklarer Verhältnisse empfiehlt es sich dringend, solche Massnahmen stets schriftlich und eingeschrieben anzukündigen. Auf diese Weise kann verhindert werden, dass der Spiess plötzlich umgedreht wird und der Arbeitnehmer sich mit dem Vorwurf konfrontiert sieht, die Lohnzahlung sei deshalb nicht erfolgt, weil er ohne Grund der Arbeit ferngeblieben sei!

Die Gratifikation – Geschenk oder Lohnbestandteil?

»Wir freuen uns, Ihnen auf die kommenden Festtage hin eine Gratifikation auszahlen zu können.« Solch erfreuliche Nachrichten hören sich wie nette Bescherungen des Weihnachtsmannes an, sind aber unter Umständen schlicht vertragliche Verpflichtungen des Arbeitgebers. Bedeutsam wird diese Unterscheidung für den Arbeitnehmer erst dann, wenn rezessionsgeplagte Firmen am Jahresende bisherige Zahlungen plötzlich kürzen oder gar nicht mehr erbringen.

Grundsätzlich muss der Arbeitgeber solche zusätzlichen Leistungen dann nicht erbringen, wenn er sie freiwillig – eben als Gratifikation – ausgerichtet hat. Eigentliche Lohnbestandteile – zum Beispiel in Form des dreizehnten Monatslohnes – sind jedoch in jedem Fall geschuldet.

Trotz dieser theoretisch klaren Unterscheidung fällt es in der Praxis oft schwer herauszufinden, ob im konkreten Fall nun eine Gratifikation oder eben ein »Dreizehnter« vereinbart worden ist. Denn oft werden beide Begriffe miteinander vermischt, und im Volksmund werden sie gar nicht richtig unterschieden. Das ist mit ein Grund, weshalb sich die Gerichte sehr oft mit dieser Frage befassen müssen.

Die Gratifikation ist nach Gesetz eine Sondervergütung, auf die Arbeitnehmer nur dann Anspruch haben, wenn sie verabredet worden ist. Aber auch ohne ausdrückliche Abmachung kann eine Gratifikation geschuldet sein, wenn eine Firma während mindestens drei Jahren die Sondervergütung anstandslos bezahlt hat. Schreibt aber der Arbeitgeber: »Die Gratifikation bleibt weiterhin eine freiwillige Leistung der Firma, und es kann auf diese kein Rechtsanspruch geltend gemacht werden«, hat der Arbeitnehmer selbstverständlich auch nach drei Jahren keinen Anspruch darauf.

Wie ist es, wenn der Arbeitnehmer während des Jahres in den

Betrieb eingetreten ist? Hat er die ganze oder nur eine anteilmässige oder etwa gar keine Gratifikation zugut? Nach Gesetz muss der Arbeitgeber einen Pro-rata-Anteil an der Gratifikation nur dann bezahlen, wenn dies ausdrücklich vereinbart wurde oder im Betrieb üblich ist. Ist dies nicht der Fall, so muss der Arbeitnehmer im Eintrittsjahr auf die Gratifikation völlig verzichten. Ebenso verhält es sich, wenn er die Firma während des Jahres wieder verlässt.

Habe ich Anspruch auf den Dreizehnten?

Juristisch gesehen besteht zwischen Gratifikation und Dreizehntem ein entscheidender Unterschied: Während die Gratifikation – wie oben erwähnt – eine freiwillige Sonderleistung darstellt, handelt es sich beim Dreizehnten um einen *Lohnbestandteil*, der beim Stellenantritt während des Jahres auch ohne ausdrückliche Vereinbarung anteilsmässig (»pro rata temporis«) geschuldet ist.

In der Praxis ist jedoch oft unklar, was im Einzelfall als Gratifikation bzw. als 13. Monatslohn zu gelten hat. Eindeutig ist die Situation selbstverständlich dann, wenn im Vertrag ausdrücklich ein 13. Monatslohn versprochen wurde. Heikel sind indessen folgende Fälle:

- Im Vertrag steht: »Gratifikation: ein 13. Monatslohn.« Obwohl bei dieser Abmachung beide Bezeichnungen gebraucht wurden, handelt es sich um einen Lohnbestandteil, der also auch ohne ausdrückliche Abrede anteilmässig geschuldet wird.

  Dazu das Zürcher Arbeitsgericht: »Daran ändert sich nichts, wenn der 13. Monatslohn unter dem Titel ›Gratifikation‹ versprochen wird, denn bei gleichzeitigem Vorkommen der Bezeichnung ›Gratifikation‹ und ›13. Monatslohn‹ ist im Zweifelsfall vom festen Lohnbestandteil auszugehen.«
- Im Vertrag eines anderen Arbeitnehmers wurde eine »Jahresendgratifikation in Form eines dreizehnten Monatsgehalts« vereinbart.

Im Anstellungsreglement, das bei Vertragsunterzeichnung ausgehändigt wurde, ist festgelegt, dass »grundsätzlich jeder Mitarbeiter der Firma Anspruch auf eine Jahresendgratifikation hat, sofern er sich in einem ungekündigten Arbeitsverhältnis befindet und seine Dienstdauer das ganze abgelaufene Kalenderjahr umfasst hat«.

Die beiden vom Arbeitgeber in dieser Klausel eingebauten Bedingungen sind zulässig. Auch wenn man im vorliegenden Fall aufgrund des Vertrages annehmen würde, es handle sich um einen 13. Monatslohn, ist durch das Reglement ein anteilmässiger Anspruch ausdrücklich ausgeschlossen worden.

- Laut Arbeitsvertrag hat ein Arbeitnehmer als »Gratifikation ein Monatsgehalt, auszahlbar im Dezember«, zugut. Ein anteilmässiger Anspruch ist auch gegeben, wenn ein Arbeitnehmer vor Jahresende austritt. Denn nach neuer bundesgerichtlicher Rechtsprechung ist eine Vergütung, für die der Arbeitsvertrag Höhe und bedingungslose Fälligkeit zum voraus festsetzt, keine Gratifikation. Dabei ist nicht von Bedeutung, ob die Vergütung im Arbeitsvertrag ausdrücklich als Gratifikation bezeichnet wird. Solange aus dem Vertrag nicht hervorgeht, dass die Gratifikation nur unter bestimmten Bedingungen geschuldet ist, muss diese als Lohnbestandteil betrachtet werden.

Tip: Mit der unbestimmten Formulierung »Gratifikation« sollte sich der Arbeitnehmer nicht zufriedengeben. Nur wenn im Vertrag ein *13. Monatslohn* abgemacht wurde, handelt es sich um einen Lohnbestandteil, der auch pro rata temporis auszuzahlen ist.

Gleicher Lohn für gleiche Arbeit

In der Bundesverfassung heisst es seit 1981 kurz und bündig: »Mann und Frau haben Anspruch auf gleichen Lohn für gleichartige Arbeit.«

Zehn Jahre nach der Aufnahme dieses Grundsatzes in die Verfassung ist die Situation weiterhin beschämend: Die meisten Frauenlöhne sind erheblich niedriger als diejenigen der Männer für gleichwertige Arbeit. 1988 hat sich eine Arbeitsgruppe des Eidgenössischen Justiz- und Polizeidepartements (EJPD) in einem 211 Seiten umfassenden Bericht dieser Problematik angenommen und ausführlich die bestehenden Mechanismen der Lohndiskriminierung von Frauen beschrieben. Der Bericht enthält einen Katalog von Massnahmen, mit denen das alte Postulat endlich durchgesetzt werden soll. Stolpersteine auf dem Weg zur Gleichberechtigung sind die hohe Streitwertgrenze für Klagen ans Bundesgericht (es muss um mindestens 8000 Franken gehen) und die einseitige Verteilung der Beweislast.

Nach der geltenden Regelung muss nämlich die Frau in einem Prozess beweisen, dass es sich bei der zum Vergleich herangezogenen Arbeit ihrer männlichen Kollegen um eine »gleichwertige Arbeit« handelt. Zudem muss sie den Beweis erbringen, dass ihr Lohn tiefer liegt. Lohnstrukturen gehören aber zu den bestgehüteten Geheimnissen der Firmen. Und für die Gleichwertigkeit müssen oft aufwendige Gutachten in Auftrag gegeben werden. Die Zürcher Krankenschwestern, die erstmals einen solchen Prozess anstrengten, mussten über 50'000 Franken ausgeben! Wer kann sich unter solchen Umständen die Gleichberechtigung überhaupt leisten?

In diesem Punkt ist in der Frühjahrssession 1991 ein Durchbruch erzielt worden: Es wurde eine parlamentarische Initiative angenommen, welche eine Umkehrung der Beweislast verlangt. Danach muss künftig eine Arbeitnehmerin lediglich noch »glaubhaft darlegen«, dass für gleichwertige Arbeit ungleicher Lohn bezahlt wird. Der Arbeitgeber muss den Beweis antreten, wenn er das Gegenteil behauptet.

Bis zum Redaktionsschluss dieser Ausgabe (Februar 1993) ist es in Sachen Gleichberechtigung erst zu einigen wenigen Urteilen des höchsten Gerichtes gekommen:

- 1987 beurteilte das Bundesgericht die Entlöhnung von Schauspielern. Eine Berufsschauspielerin wurde engagiert, weil eine nebenamtliche Schauspielerin krankheitshalber absagen musste. Sie erhielt eine Gage, welche bedeutend tiefer angesetzt war als die der ebenfalls auftretenden männlichen Berufsschauspieler. Die Schauspielerin verlangte den gleichen Lohn, was ihr verwehrt wurde mit dem Hinweis, sie sei lediglich als Ersatz für eine nebenamtliche Schauspielerin tätig. Das Gericht folgte dieser Argumentation nicht, weil es feststellte, dass ein männlicher Schauspieler mit vergleichbarer Rolle und vergleichbaren Einsätzen bedeutend mehr verdiente. Es entschied, die Schauspielerin müsse gleich entlöhnt werden.

- Im Oktober 1990 ging für die bereits erwähnten sechs Zürcher Krankenschwestern vor dem Verwaltungsgericht Zürich eine wahre Prozessodyssee zu Ende. Zweimal im Verlauf des Verfahrens mussten sie das Bundesgericht anrufen, bis das höchste Zürcher Gericht im dritten Anlauf den Krankenschwestern endlich zu ihrem Recht verhalf und feststellte, dass die von 1981 bis 1986 geltende Besoldungs- und Beförderungsordnung gegen den verfassungsmässigen Lohngleichheitsgrundsatz verstösst. Die Krankenschwestern seien zwei Besoldungsklassen zu tief entlöhnt worden, weshalb die Stadt Zürich verpflichtet sei, die Differenz nachzuzahlen. Skandalös an diesem Verfahren ist – nebst der anfänglichen Weigerung des Zürcher Obergerichts, die Begehren der Krankenschwestern überhaupt zu prüfen – der Umstand, dass sie trotz gewonnenem Prozess die Prozesskosten von über 50'000 Franken selber berappen mussten!
- Im Oktober 1988 errangen vier Handarbeits- und Hauswirtschaftslehrerinnen aus dem Kanton Schaffhausen einen Sieg im Kampf um gleichen Lohn. Das Obergericht verlangte nämlich, dass ihre Löhne jenen der Primarlehrer gleichzustellen sind.

Hat die Ehegattin Lohn zugut?

Wie ist es, wenn eine Frau im Geschäft ihres Mannes arbeitet? Hat sie dann Lohn zugut? Die Rechtslage ist kompliziert, weil in solchen Fällen meist nichts vereinbart worden ist und die Frauen in der

Regel nichts verlangen, solange die Ehe gutgeht. Nach gerichtlicher Praxis muss die berufliche Mitarbeit der Ehegattin dann nicht entlöhnt werden,

- wenn ihr Lohn während der Ehe für eine erhöhte Lebenshaltung verbraucht wurde;
- wenn die Frau von ihrem Mann eine Erbschaft in Aussicht hat, welche ihr für ihre Tätigkeit in genügendem Masse einen Ausgleich bietet.

Die Arbeit der Frau ist aber in jedem Fall nur entlöhnungspflichtig, soweit sie ihre Beistandspflicht übersteigt. Denn im Gesetz heisst es: Die Ehegatten sind gegenseitig verpflichtet, das Wohl der Gemeinschaft in einträchtigem Zusammenwirken zu wahren und für die Kinder gemeinsam zu sorgen. Daraus wird gefolgert, dass die Frau in beschränktem Umfang auch im Betrieb ihres Mannes Hand anlegen muss.

Was das heisst, kann nur im Einzelfall definitiv festgelegt werden und hängt davon ab, in welchem Umfang die Frau daneben noch den gemeinsamen Haushalt und die Kinder betreut hat. Es ist deshalb unvermeidlich, dass im Streitfall fachkundige Hilfe beigezogen wird.

5.

Ferien und Freizeit

Bezahlte Ferien sind kein Geschenk Gottes, sondern (in der Regel) eine hart verdiente Entschädigung für erbrachte Arbeit, genauso wie der Lohn und die Sozialleistungen. Aber selbst die schönsten Tage des Jahres sind nicht vor rechtlichen Problemen gefeit. Muss ich in die Ferien, wenn es dem Chef passt? Darf ich meine Ferientage nachholen, wenn ich während der Erholungswochen erkranke? Kann ich im Einvernehmen mit dem Chef auf Ferien verzichten und sie mit Barem abgelten lassen? Was soll ein Familienvater tun, wenn sein Vorgesetzter eine Woche vor dem Abflug nach Mallorca die Ferien verschieben will? Zunächst interessiert jedoch jeden, wie lange er überhaupt in die Ferien kann.

Wieviel Ferien habe ich zugut?

Bis anhin war das Gesetz mit den Ferien knauserig: Das OR sah nur einen Minimalanspruch von zwei Wochen jährlich vor. Immerhin machten die meisten Kantone von der gesetzlichen Möglichkeit Gebrauch, die Feriendauer auf drei Wochen und für Jugendliche auf vier Wochen zu verlängern. Viele Betriebe waren in Sachen Ferien ebenfalls weit grosszügiger als das Gesetz. Und mehrere Gesamtarbeitsverträge garantierten dem Arbeitnehmer bereits einen Ferienanspruch von vier Wochen und vom 50. Altersjahr an noch eine weitere Woche.

Als Antwort auf die (später vom Volk abgelehnte) Ferien-Initiative des Schweizerischen Gewerkschaftsbundes (SGB) beschloss das

Parlament Ende 1983 eine neue Ferienregelung. Seit 1. Juli 1984 haben nun alle Arbeitnehmer Anspruch auf mindestens vier Wochen Ferien pro Jahr. Minderjährige erhalten jährlich einen bezahlten Urlaub von fünf Wochen.

Der National- und Ständerat haben sich für einmal von ihrer sozial fortschrittlichen Seite gezeigt, so dass viele Arbeitnehmer jetzt eine Woche länger in die Ferien fahren können.

Tip: Über den jährlichen Anspruch an Ferien und freien Tagen gibt der *Gesamtarbeitsvertrag* der Branche Auskunft. Wer keinem GAV unterstellt ist, sollte seinen Ferienanspruch im *Einzelarbeitsvertrag* regeln. Wenn nichts abgemacht wurde, gelten die im OR festgelegten Minimalferienansprüche, also vier Wochen.

Wie berechne ich meinen Ferienanteil?

Streitigkeiten über die Länge der Ferien sind im Alltag selten. Wie auch immer die vertragliche Regelung aussieht, wichtig ist, dass der gesetzliche Minimalanspruch nicht in Frage gestellt wird. Da der Ferienanspruch ein unabdingbares Recht aller Arbeitenden darstellt, haben auch jene Ferien zugut, die irgendwann im Laufe eines Jahres ihre Stelle verlassen.

Zur Berechnung dieses Ferienanteils *»pro rata temporis«* ist der auf einen Monat entfallene Ferienanspruch gemäss untenstehender Tabelle mit der Zahl der Monate zu vervielfachen, während deren man gearbeitet hat.

Ferienwochen pro Dienstjahr (laut Vertrag oder Gesetz)	*Monatlicher Ferienanspruch bei 5-Tage-Woche*
4 Wochen	1,66 Tage
5 Wochen	2,08 Tage

Beispiel:

Roland Imhof hat nach $3\frac{1}{2}$ Jahren seinen Job als Journalist einer grossen Zürcher Zeitung gekündigt. Laut Vertrag darf er pro Jahr 5 Wochen in die Ferien. Im letzten Dienstjahr hat er bis zu seiner Kündigung noch überhaupt keinen freien Tag bezogen. Sein Rechtsanspruch berechnet sich laut obenstehender Tabelle so: 2,08 × 6 (Ferienanspruch bei 5 Wochen Ferien pro Jahr mit Anzahl Monaten des letzten Dienstjahres multipliziert). Imhof kann also 12,5 Arbeitstage oder $2\frac{1}{2}$ Wochen in die Ferien.

Trinkgelder auch in den Ferien?

Ferien bedeuten nicht nur das Recht auf einige Wochen Erholung, sondern selbstverständlich auch auf bezahlte Erholung. Wie hoch der Ferienlohn ist, dürfte bei allen Arbeitnehmern, die für einen monatlichen Fixlohn arbeiten, klar sein. Wieviel Feriengeld erhält aber ein Vertreter, der auf Provisionsbasis arbeitet, oder ein Tankwart, der auf Trinkgelder angewiesen ist?

Der *Grundsatz* ist klar: Nach Gesetz hat ein Arbeitnehmer nicht nur Anspruch auf den eigentlichen Lohn, sondern auch auf allfällige Gewinnbeteiligungen, Provisionen und Überstundenzuschläge, Schichtzulagen und Akkordzuschläge, wie sie im Betrieb vorgesehen sind und regelmässig erbracht werden.

Beispiel aus der Gerichtspraxis:

Ein Tankwart verdiente Fr. 1000.– pro Monat plus den dreizehnten Monatslohn Ende Jahr. Daneben erhielt er pro Arbeitstag mindestens Fr. 9.– Trinkgeld und versteuerte diese Einnahmen auch im gesamten Umfang. Von seinem Arbeitgeber verlangte er neben dem Fixlohnausfall während der Ferien auch die Trinkgeldentschädigung.

Das Urteil des Arbeitsgerichtes: Da sich der Lohn des Tankwarts aus einem Fixum von Fr. 1000.– monatlich und den Trinkgeldeinnahmen zusammensetzt, habe er Anspruch auf eine Ferienentschädigung in Höhe des Fixums und der entgangenen Trinkgelder.

Wann dürfen meine Ferien gekürzt werden?

Nicht immer hat ein Arbeitnehmer nach einem Arbeitsjahr den vollen Ferienanspruch. Die gesetzlich bewilligten Erholungswochen dürfen nämlich in gewissen Fällen gekürzt werden:

- Wer wegen Krankheit oder Unfall längere Zeit das Bett hüten oder wegen Erfüllung gesetzlicher Pflichten dem Arbeitsplatz fernbleiben muss, verliert ab dem zweiten vollen Monat der Abwesenheit jeweils $^{1}/_{12}$ seiner Ferientage.
- Eine Frau, die wegen Schwangerschaft und Geburt mehr als zwei Monate nicht arbeitet, verliert ab dem dritten vollen Monat der Abwesenheit jeweils $^{1}/_{12}$ des jährlichen Ferienguthabens.

Beispiele:

Bei der Geburt ihres ersten Kindes legte Barbara Bachmann insgesamt $3^{1}/_{2}$ Monate die Arbeit nieder. Damals strich ihr der Arbeitgeber $^{1}/_{12}$ ihrer Ferien – und hatte das Gesetz auf seiner Seite. Denn einer Mutter werden nur zwei Monate »Schonzeit« zugebilligt. Für jeden weiteren Monat der Abwesenheit muss sie $^{1}/_{12}$ ihrer jährlichen Ferien abschreiben.

Max Bodmer wurden wegen der Rekrutenschule die Ferien gekürzt. Dagegen kann er sich nicht wehren. Denn der Militärdienst fällt unter die »Erfüllung gesetzlicher Pflichten«. Bei einer viermonatigen RS verliert er also $^{3}/_{12}$ ($^{1}/_{4}$) seiner Ferien.

Wichtig: Beträgt die unverschuldete Verhinderung weniger als einen Monat, dürfen die Ferien nicht gekürzt werden!

Wer legt den Zeitpunkt der Ferien fest?

Vier Wochen Ferien pro Jahr – gut und schön, aber wer bestimmt den Zeitpunkt? Kann ein Arbeitnehmer in die Ferien, wenn es ihm passt, oder muss er sich nach seinem Chef richten?

Der Wortlaut des Gesetzes lässt diesbezüglich für einmal wenige Fragen offen. Im OR heisst es nämlich: »Der Arbeitgeber bestimmt den Zeitpunkt der Ferien und nimmt dabei auf die Wünsche des Arbeitnehmers soweit Rücksicht, als dies mit den Interessen des Betriebs vereinbar ist.« Das Gesetz verleiht also dem Arbeitgeber ein *Weisungsrecht* und gibt seinen Interessen den Vorrang vor den Wünschen des Arbeitnehmers.

Immerhin: Der Arbeitgeber muss auf die Wünsche seiner Untergebenen Rücksicht nehmen, hat jedoch stets das letzte Wort. Ein Recht des Arbeitnehmers, die vom Betrieb auf einen bestimmten Termin angeordneten Ferien abzulehnen, besteht nicht – oder höchstens dann, wenn ein Vorgesetzter seinen Angestellten durch die ungünstige Ansetzung der Ferien lediglich schikanieren will.

Auf jeden Fall *müssen die Ferien rechtzeitig angeordnet werden*, d.h. spätestens vierzehn Tage vorher.

Gewarnt werden muss davor, als Arbeitnehmer ohne Absprache eigenmächtig in die Ferien zu verreisen, wenn der Termin dem Chef nicht passt. Ein solches Verhalten könnte unter Umständen mit einer fristlosen Entlassung geahndet werden.

Beispiel aus der Gerichtspraxis:

Ein Angestellter hatte ohne Wissen des Betriebs ein Ferienhaus für vierzehn Tage gemietet. Sein Arbeitgeber wollte ihm zu diesem Zeitpunkt keine Ferien gewähren, da er in eine besonders arbeitsintensive Periode fiel und zudem von seiner Seite allgemeine Betriebsferien geplant waren.

Schliesslich fanden beide Parteien zum Kompromiss, wonach der Angestellte nur eine der beiden Wochen ins Ferienhaus gehen sollte. Trotz dieser

Abmachung blieb er dann doch beide Wochen weg, worauf er fristlos entlassen wurde.

Vor dem Arbeitsgericht unterlag er mit seiner Klage gegen die fristlose Entlassung, da der Arbeitgeber von seinem Weisungsrecht bezüglich der Ferien massvoll Gebrauch gemacht habe und der Verstoss gegen die abgemachte Ferienregelung eine grobe Pflichtwidrigkeit darstelle.

Muss ich die Ferien in der Kündigungsfrist beziehen?

Einem 18jährigen Arbeiter, welcher noch bei den Eltern wohnte, wurden anfangs Jahr einige Wochen Ferien im Juli bewilligt. Im Mai erhielt er jedoch überraschend die Kündigung seines Chefs – auf Ende Juni. Am 11. Juni teilte ihm sein Vorgesetzter mit, er brauche am nächsten Tag nicht mehr zu arbeiten, sondern solle bis zum Ende der Kündigungsfrist seine restlichen Ferien beziehen. Dagegen wehrte sich der junge Mann vor Gericht mit der Begründung, die Ferien seien bereits anfangs Jahr auf Ende Juli abgemacht worden und seine Eltern könnten die Reise nicht mehr verschieben.

Die Beurteilung des Arbeitsgerichts: Der Arbeitgeber habe sein Weisungsrecht in mehrfacher Hinsicht überschritten, meinte es deutlich. Erstens gehe es nicht an, seinen Arbeitnehmer ganz kurzfristig in die Ferien zu schicken. Und zweitens könnten Abmachungen über den Ferienbezug nicht einfach aufgehoben werden, wenn nicht ein sehr triftiger oder nicht voraussehbarer Grund dafür spräche.

Die Anordnung der Ferien während der Kündigungsfrist ist auch nach Ansicht des Zürcher Arbeitsgerichts problematisch. Es stellte klar, dass Ferienreste nur dann in die Kündigungszeit fallen dürfen, wenn der Ferienanspruch relativ kurz ist und die Kündigungsfrist eher lang. Der Ferienzweck sei nämlich nicht erfüllt, wenn ein Arbeitnehmer die freien Tage damit verbringen müsse, eine Stelle zu suchen, schriftliche und telefonische Offerten zu stellen und Pflichten zu erfüllen, welche mit der Arbeitslosenversicherung und öffentlichen Stellenvermittlungen im Zusammenhang ständen.

Kann ich meine Ferien unwiderruflich versäumen?

Marco Meier hat während zwei Jahren von seinen vier Ferienwochen je zwei nicht bezogen. Er wollte sie aufsparen, um nun eine grössere Ostasienreise zu machen. Doch sein Chef behauptet, er habe diese Ferien versäumt und könne sie nun nicht mehr nachbeziehen.

Muss ein Arbeitnehmer tatsächlich damit rechnen, dass er seine Ferientage verliert, wenn er sie nicht rechtzeitig bezogen hat?

Im Gegensatz zur alten Regelung schreiben die neuen Bestimmungen nicht mehr vor, dass Arbeitnehmer ihre Ferien spätestens im folgenden Jahr beziehen müssen. Seit Inkrafttreten der neuen Regelung läuft nun niemand mehr Gefahr, dass sein gesetzlicher Ferienanspruch so schnell verfallen kann. Wie jeder andere Anspruch aus Arbeitsvertrag verjährt auch der Ferienanspruch grundsätzlich erst nach fünf Jahren – es sei denn, jemand hätte den Bezug der Ferien wider Treu und Glauben vereitelt.

Muss ich zuviel bezogene Ferien zurückerstatten?

Nicht nur wer seine Ferien zu spät bezieht, stösst im Streitfall auf uneinige Richter. Dasselbe gilt für jene, die in die Ferien gehen, bevor sie sie verdient haben.

Urs Meier arbeitet seit Anfang Jahr im Betrieb. Im Juni hat er seine 4 Ferienwochen bezogen. Nun wird ihm eine Stelle angeboten, die ihm besser zusagt. Er kündigt auf Ende September. Da er nur dreiviertel Jahr arbeitete, hätte er auch nur drei Wochen Ferien zugute. Muss er jetzt die vierte bezogene Ferienwoche zurückzahlen oder nachholen?

Der bekannte Berner Arbeitsrechtler Prof. Edwin Schweingruber lehnt einen solchen Rückerstattungsanspruch des Arbeitgebers ab. Mit anderen Worten: Wer die jährlichen Ferien bereits voll ausgeschöpft hat, jedoch seine Stelle vor Ende des Dienstjahres kündigt, muss laut Ansicht des Berner Professors die zuviel bezogenen Ferien nicht in Form einer Entschädigung zurückzahlen.

Anders die Überlegungen des Zürcher Arbeitsgerichtes: Wenn ein Arbeitnehmer auf eigenen Wunsch seine Ferien einziehe, bevor er den vollen Anspruch erworben habe, so sei er dann rückerstattungspflichtig, wenn er die Stelle während des Dienstjahres aufgebe. Wenn ein Arbeitgeber jedoch die Angestellten vorher entlasse, komme eine Rückforderung nur dann in Frage, wenn sie ausdrücklich vorher vereinbart worden sei. Ausgeschlossen sei eine solche Rückforderung nur dann, wenn der Arbeitgeber ohne Rücksicht auf die Einzelinteressen einheitliche Betriebsferien anordne.

Tip: Man sollte die *Ferien erst beziehen, wenn sie verdient sind* – sonst kann's im Streitfall Schwierigkeiten geben.

Darf ich in den Ferien schwarzarbeiten?

Darf ein Hilfsarbeiter, der mit seinem Lohn nicht zurechtkommt, in seinen Ferien temporär auf dem Bau arbeiten und sich damit die Anschaffung eines Autos finanzieren?

Die Antwort ist hier klar: Nein. Denn *das Gesetz verbietet es dem Arbeitnehmer ausdrücklich, während der Ferien schwarzzuarbeiten.* Wer die Erholungstage also zur Aufbesserung des Lohnkontos benützt und schwarz für jemand anderen arbeitet, muss damit rechnen, den Ferienlohn zurückzahlen zu müssen.

Doch nicht jede Schwarzarbeit zieht diese Art von Konsequenzen nach sich. Voraussetzung ist nämlich, dass die berechtigten Interessen des Arbeitgebers durch den Übereifer verletzt worden sind. Dies ist sicher dann nicht der Fall, wenn man z.B. einem Bekannten während der Ferien hilft, seine neubezogene Wohnung neu zu streichen – selbst wenn dies gegen Entgelt geschieht –, oder wenn die Ferien am Ende des Arbeitsverhältnisses bezogen werden, dann aber bereits an der neuen Stelle gearbeitet wird.

Verletzt sind die berechtigten Interessen des Arbeitgebers jedoch ohne Zweifel dann, wenn eine Erholung des Arbeitnehmers in den freien Wochen nicht mehr möglich ist. In krassen Fällen kann eine derart schwere Vertragsverletzung nicht nur zur Rückzahlung des Ferienlohns, sondern sogar zur fristlosen Entlassung führen.

Kann ich mir die Ferien bar auszahlen lassen?

Das Gesetz stellt es dem Arbeitnehmer nicht frei, ob er die Ferien in Form von freien Wochen oder Geld beziehen soll. Da die Ferienabgeltung durch Bares besonders bei Teilzeitarbeitern immer wieder vorkommt, wird diese Problematik im Kapitel 9, »Ich arbeite Teilzeit«, Seite 109ff., abgehandelt. Hier nur soviel: Die Gerichte nehmen in dieser Frage einen rigorosen Standpunkt ein: *Der Ferienanspruch darf grundsätzlich nicht mit Bargeld vergütet werden.*

Ausnahmen: Wenn die Berechnung des Ferienanspruches in natura auf erhebliche Schwierigkeiten stösst, was nur bei sehr unregelmässiger Arbeitszeit der Fall ist. Dann ist es erlaubt, den Ferienanteil in Form eines Lohnzusatzes zu entschädigen. In solchen Fällen muss im Vertrag aber eindeutig aufgeführt sein, dass ein bestimmter Betrag des Lohnes oder ein gewisser Prozentsatz als Ferienabgeltung zu betrachten ist (bei vier Wochen Ferien jährlich 8,33 Prozent des Bruttolohns, bei fünf Wochen 10,64 Prozent). Eine Pauschalbezeichnung wie »alles inbegriffen« erfüllt diese Voraussetzung nicht.

Die zweite Ausnahme gilt bei Ferien in der Kündigungszeit. Hat ein Arbeitnehmer z.B. auf Ende Juni gekündigt und im laufenden Jahr noch keine Ferientage bezogen, so kann er sich im Einverständnis mit dem Arbeitgeber seine zwei Ferienwochen in Bargeld auszahlen lassen.

Wie viele Feiertage gibt es?

Erstaunlich: Ein Anspruch auf bezahlte Feiertage lässt sich vom Arbeitsgesetz nicht herleiten. Immerhin gab der Bund aber den Kantonen die Kompetenz, jährlich bis zu acht Feiertage den Sonntagen gleichzustellen. Der »Kantönligeist« oder, nobler ausgedrückt, der Föderalismus bewirkte, dass man in der Schweiz weit entfernt von einer einheitlichen Regelung dieser zusätzlichen Freizeit ist. Die einzigen Wochentage, die in allen Kantonen zu sonntagsgleichen Feiertagen befördert wurden, sind: *Neujahr, Auffahrt* und *Weihnachten*. In den meisten Gegenden der Schweiz gönnt man den Arbeitnehmern aber insgesamt mindestens ein halbes Dutzend an gesetzlichen Feiertagen.

Wer an solchen Feiertagen arbeiten muss (Krankenschwestern, Redaktoren etc.), hat – wie bei Sonntagsarbeit – einen Lohnzuschlag von 50 Prozent zugut und einen Anspruch auf einen zusätzlichen Ruhetag in der kommenden oder der vorangehenden Woche.

Neben den gesetzlich anerkannten Feiertagen gibt es in den einzelnen Kantonen, Bezirken oder Gemeinden weitere Feiertage, die zwar nicht anerkannt sind, an denen Betriebe, Verwaltungen und Schulen aber trotzdem geschlossen sind. Beispiele: Knabenschiessen in Zürich, Zibele-Märit in Bern, Fastnachtsmontag etc. Ob ein solches Datum ebenfalls zum Blaumachen berechtigt, hängt davon ab, ob gemäss Ortsgebrauch nicht gearbeitet wird.

Beispiel:

Die Arbeitnehmer der Stadt Zürich kommen während eines Kalenderjahres in den Genuss von zehn ganztägigen und zwei halbtägigen Feiertagen (gesetzlich anerkannt: Neujahr, Karfreitag, Ostermontag, 1. Mai, Auffahrt, Pfingstmontag, 1. August, Weihnachten, Stephanstag; gesetzlich nicht anerkannt, aber trotzdem frei: Berchtoldstag, Sechseläuten, Knabenschiessen).

Wieviel Lohn erhalte ich an einem Feiertag?

Wer einmal weiss, wann er frei hat, kann noch nicht sicher sein, ob er an diesem Tag auch etwas verdient. Denn in Sachen Lohn an Feiertagen gilt nicht gleiches Recht für alle. Wenn es im einzelnen Arbeitsvertrag oder im GAV nicht anders geregelt ist, wird der freie Tag nur jenen Arbeitnehmern bezahlt, die im Monats- oder Wochensalär angestellt sind, denn, so die juristische Begründung, im Monatslohn ist das Fehlen an einem Tag eine »unbeachtliche Kurzabsenz«.

Anders sieht es hingegen für den im Stunden- oder Taglohn angestellten Arbeitnehmer aus. Für eine solche Entlöhnung ist nach Ansicht der Rechtsgelehrten typisch, dass der Zahltag ausschliesslich Lohn für geleistete Arbeit darstellt und keinerlei Freizeit deckt. Wer im Stunden- oder Taglohn arbeitet, hat also nur dann einen Anspruch auf bezahlte Feiertage, wenn dies im Vertrag speziell erwähnt oder im betreffenden Betrieb üblich ist.

Wichtig: *Eine Bezahlung im Stundenlohn hat nur Nachteile.* Beim Antritt einer neuen Stelle ist deshalb unbedingt darauf zu achten, dass ein *Monatslohn* verabredet wird. Wer jedoch im Stundenlohn arbeiten muss, sollte mit seinem Arbeitgeber, wenn möglich, eine Regelung betreffend Feiertage treffen.

Kann ich einen Feiertag einziehen?

Nicole Nünlist arbeitet laut Vertrag an vier Tagen pro Woche in einem kleinen Reisebüro. An welchem Wochentag sie frei hat, wird von Woche zu Woche neu festgelegt. Am Freitag vor der Auffahrtswoche fragt sie ihren jungen Chef, ob er damit einverstanden sei, wenn sie nächste Woche von Montag bis Mittwoch erscheine. Der nächste Donnerstag sei ja ein freier Tag, so dass sie ihre Pflicht mit drei Tagen erfüllt habe. Mit diesem Vorschlag ist ihr Vorgesetzter aber nicht einverstanden. Sie könne zwar schon Montag bis Mittwoch arbeiten, meint er, aber dann müsse sie auch noch zusätzlich am Freitag erscheinen.

Wer hat recht? Nicole Nünlist liegt falsch. Sie kann nicht vom Feiertag profitieren, weil sie keinen festen Freitag pro Woche verabredet hat. Hätte sie laut Vertrag ihren festen freien Tag auf den Freitag verabredet, so könnte sie im obigen Fall eine 3-Tage-Woche durchsetzen.

Tip: Wer Teilzeit arbeitet, sollte im eigenen Interesse die Arbeitszeiten verbindlich abmachen, am besten gleich im Vertrag. Fällt dann ein Feiertag in seine Arbeitszeit, muss er nicht nachgeholt werden.

Geht ein Feiertag aufs Ferienkonto?

Kann ein Feiertag nachgeholt werden, der in die Ferien fällt – oder anders gefragt: Wird dieser Feiertag nicht als Ferientag angerechnet? Nein, denn der Ferienanspruch ist so zu verstehen, dass jedem Arbeitnehmer mit 5-Tage-Woche jährlich mindestens 20 Ferientage zustehen. Fällt ein arbeitsfreier Feiertag in die Ferien, darf er nicht auf das Ferienkonto angerechnet werden. Der Anspruch auf Ferien steht im Gesetz neben dem Anspruch auf arbeitsfreie Feiertage, weshalb diese beiden Ansprüche sich nicht gegenseitig ausschliessen. Da der Arbeitgeber in der Regel den Zeitpunkt der Ferien der Angestellten bestimmt, hätte er es sonst in der Hand, die Ferien zu verkürzen, indem er sie auf Wochen mit Feiertagen verlegt.

Wann habe ich sonst noch frei?

Seit Jahrzehnten ist es üblich, dass den Arbeitnehmern bei bestimmten Familienanlässen wie Heirat, Taufe oder Tod eines nahen Angehörigen freigegeben wird. Sind diese üblichen freien Tage und Stunden im Vertrag nicht besonders erwähnt, wird auf den Ortsgebrauch abgestellt.

Wer unsicher ist, ob und wie lange er bei einem bestimmten Anlass frei hat, erkundigt sich am besten bei einer Gewerkschaft oder am örtlichen Gericht. Ausführlich geregelt sind diese freien Tage praktisch nur in den GAVs.

Ein Beispiel aus dem Gesamtarbeitsvertrag für das Bodenpersonal der Swissair:

- eigene Hochzeit: 3 Tage
- Hochzeit von Familienangehörigen (Geschwister, Kinder): 1 Tag
- Geburt in der eigenen Familie: 2 Tage
- Todesfall des Gatten, Lebenspartners, Kindes, der Eltern: 3 Tage; der Geschwister, der Schwiegereltern: 2 Tage; der Grosseltern: 1 Tag
- Wohnungswechsel je nach Distanz und Grösse der Wohnung: $^{1}/_{2}$ bis 2 Tage

Dazu kommen Kurzabsenzen für die Erfüllung gesetzlicher Pflichten, die Bekleidung eines öffentlichen Amtes sowie für Arzt- und Zahnarztbesuch bei akuter Erkrankung oder Unfall.

Für die Entlöhnung dieser freien Stunden gilt übrigens der obenerwähnte Grundsatz: Auch hier wird wieder auf die lohnmessende Einheit abgestellt. Wer also im Monatslohn angestellt ist, muss keinen Lohnverlust in Kauf nehmen, wenn er infolge Heirat einen Tag von der Arbeit fernbleibt. Wer im Stundenlohn angestellt ist, verdient hingegen am »schönsten Tag des Lebens« nichts.

Stellensuche während der Arbeitszeit erlaubt?

Auch die Stellensuche gehört zu den freien Stunden, auf die ein Arbeitnehmer Anspruch hat, sofern er *in gekündigtem Verhältnis* steht. Diesbezüglich gilt folgende Regel: Während maximal zweimal zwei Stunden oder einem halben Tag pro Woche hat ein Arbeitnehmer während der Kündigungsfrist Gelegenheit, seinen Arbeitsplatz zu verlassen, um sich bei möglichen künftigen Arbeitgebern vorzustellen. Wo er sich bewirbt, bleibt natürlich seine Privatsache und muss den Vorgesetzten am Arbeitsplatz nicht bekanntgegeben werden.

Ein ordnungsgemässes Abmelden mit dem Hinweis, dass man nun auf Stellensuche gehe, erweist sich als sinnvoll, denn ansonsten könnte die Absenz als »Blaumachen« oder unbegründetes Verlassen des Arbeitsplatzes aufgefasst werden.

6.

Ich bin krank...

Wie lange erhält ein Arbeitnehmer in der Schweiz weiterhin den Lohn, wenn er wegen einer Erkrankung nicht arbeiten kann? Eine klare Frage – doch die Antwort ist weit komplizierter und für Laien fast unglaublich: Es kommt nämlich darauf an, in welchem Kanton der erkrankte Arbeitnehmer beschäftigt ist. Denn das Gesetz überlässt das Problem »Lohn bei Krankheit« den Richtern. Und Richter entscheiden bekanntlich nicht im ganzen Land einheitlich...

Wie lange erhalte ich Lohn, wenn ich krank bin?

Wer das Obligationenrecht zur Hand nimmt und nach der gesetzlichen Regelung für einen kranken Arbeitnehmer sucht, findet eine Minimalbestimmung. Jeder Beschäftigte, der mehr als drei Monate im gleichen Betrieb gearbeitet hat, erhält den Lohn während mindestens drei Wochen, wenn er unverschuldet dem Arbeitsplatz fernbleiben musste. Ab dem zweiten Dienstjahr spricht das Gesetz nur noch von einer »angemessenen längeren Zeit«, in der der Lohn weiterhin zu entrichten sei. Ungenauer könnte eine Gesetzesvorschrift nicht mehr abgefasst sein. Fest steht allerdings: *Je länger jemand in einem Betrieb arbeitet, desto grösser ist sein Anspruch auf Lohnzahlung im Krankheitsfall*. Die Gesetzesredaktoren hoffen auf eine einheitliche Gerichtspraxis, die sich im Laufe der Jahre ergeben sollte.

Nun, die Bestimmung des Obligationenrechts wurde auch ausgelegt, nur nicht einheitlich – sondern recht unterschiedlich. Das Berner, das Basler und das Zürcher Arbeitsgericht haben alle eine Tabelle erarbeitet, aus der ein erkrankter Arbeitnehmer herauslesen kann, wie lange er den Lohn erhält, wenn er das Bett hüten muss.

Dauer des Arbeitsverhältnisses	*Lohn*
Basler Skala	
3. bis 12. Monat	3 Wochen
2. bis 3. Dienstjahr	2 Monate
4. bis 10. Dienstjahr	3 Monate
11. bis 15. Dienstjahr	4 Monate
16. bis 20. Dienstjahr	5 Monate
darüber	6 Monate
Berner Skala	
3. bis 12. Monat	3 Wochen
2. Dienstjahr	1 Monat
3. und 4. Dienstjahr	2 Monate
5. bis 9. Dienstjahr	3 Monate
10. bis 14. Dienstjahr	4 Monate
15. bis 19. Dienstjahr	5 Monate
20. bis 25. Dienstjahr	6 Monate

Zürcher Skala

3. bis 12. Monat	3 Wochen
2. Dienstjahr	4 Wochen
3. Dienstjahr	5 Wochen
4. Dienstjahr	6 Wochen
usw.	

Am weitesten verbreitet von den drei Skalen ist die Berner Praxis: Namentlich in den Kantonen Luzern, Zug, Aargau, Freiburg, Solothurn, Waadt, Wallis, Genf und St. Gallen wird in erster Linie die Berner Skala angewendet.

Beispiel:

Nicole Nünlist arbeitet seit über drei Jahren als Büroangestellte in einem kleinen Zürcher Reisebüro. Als Folge einer hartnäckigen Tropenkrankheit, die sie aus ihrem Kenia-Urlaub nach Hause brachte, war sie während insgesamt sieben Wochen ans Bett gebunden.

Als Zürcherin bestimmt sich ihr Lohnanspruch während dieser Absenz gemäss Zürcher Skala: Im 4. Dienstjahr erhält sie für längstens 6 Wochen den Lohn. Für die restlichen Tage geht sie leer aus. Besser gestellt wäre sie bei Anwendung der Berner oder Basler Skala: Dann erhielte sie im 4. Dienstjahr bei unverschuldeter Abwesenheit bis zu 2 Monatslöhne und würde dementsprechend ihre siebenwöchige Krankheit ohne jede Lohneinbusse überstehen.

Wichtig: Der skalenmässige Lohnanspruch gilt pro Dienstjahr nur *einmal.* Wenn Nicole Nünlist im gleichen Dienstjahr nochmals für 3 Wochen erkranken würde, müsste sie in Zürich auf jeden weiteren Lohn verzichten. In den Anwendungsgebieten der Berner und

Basler Skala hätte sie immerhin noch so viel Lohn zugut, bis der Anspruch auf 2 bezahlte Monate ausgeschöpft ist: noch etwas mehr als eine Woche.

Erhalte ich bei Krankheit den vollen Lohn?

Als »Lohn« im Krankheitsfall gilt der unter normalen Umständen erreichte Zahltag, also nicht nur ein bestimmter Fixlohn, sondern auch sämtliche Zulagen, die dauernden Charakter haben: Teuerungszulagen, Provisionen, Trinkgelder und Sozialzulagen, sofern sie Lohnbestandteil sind.

Selbstverständlich sind die Lohnansprüche gemäss den oben erwähnten Skalen nur Mindestansprüche. Vertragliche Abmachungen, die den Arbeitnehmer bzw. die Arbeitnehmerin besserstellen, sind selbstverständlich erlaubt. So gehen heute bereits viele GAVs in ihren Leistungen über die Minimalbestimmungen hinaus. Sie sehen teilweise auch zwingend den Abschluss einer Kollektiv-Krankentaggeldversicherung vor, die meistens für eine längere Zeit den Lohn bei Krankheit zahlt.

Tip: Wer für einen Teil seiner krankheitsbedingten Abwesenheit im Betrieb keinen Lohn erhält, soll auf jeden Fall *die gesetzlichen und vertraglichen Grundlagen prüfen,* bevor er den Kopf in den Sand steckt und sich mit einem Teilbetrag zufriedengibt.

Gilt eine Karenzfrist?

Immer wieder kommt es vor, dass sich Arbeitgeber weigern, bereits ab dem ersten Tag der krankheitsbedingten Abwesenheit den Lohn zu bezahlen. Sie berufen sich dabei gerne auf ihre Kollektiv-Taggeldversicherung, die eine Karenzfrist von zwei oder drei Tagen vorsieht. Diese Karenzfrist wird dann einfach auf den Arbeitnehmer überwälzt. Wer nur zwei Tage arbeitsunfähig ist, sieht so keinen Rappen.

Ob solche Karenztage zulässig sind, ist unter den Juristen umstritten. Denn vertraglich können nur Regelungen verabredet werden, die den Arbeitnehmer besserstellen als das Gesetz oder mindestens gleichwertig sind. Gleichwertigkeit generell gesehen – oder Gleichwertigkeit in jedem einzelnen Krankheitsfall? Es stellt sich die Frage, ob unter diesem Gesichtspunkt im Vertrag eine Wartefrist von zwei, drei oder mehr Tagen vereinbart werden kann, wenn als Ausgleich im Unterschied zum Gesetz die Lohnzahlung während mehrerer Monate oder sogar zwei Jahren vorgesehen ist.

Diese Frage lässt sich nicht allgemein beantworten, sondern nur im einzelnen Krankheitsfall: So heisst die Antwort von Professor Edwin Schweingruber. Er hat nachgewiesen, dass das Gesetz nicht von einer generellen Gleichwertigkeit ausgeht. Diese Ansicht teilt auch das Gewerbliche Schiedsgericht Basel.

Beispiel:

Werner Wiesmann, kaufmännischer Angestellter im 3. Dienstjahr, muss wegen fieberhafter Grippe für eine Woche zu Hause bleiben. Am Ende des Monats sieht Wiesmann, dass der Lohn für 3 Tage abgezogen worden ist. Er stellt seinen Chef zur Rede. Dieser gibt ihm zu verstehen, dass er eine Kollektiv-Taggeldversicherung für sämtliche Angestellten abgeschlossen habe, die erst ab dem 4. Krankheitstag Leistungen erbringe. Dafür zahle sie Taggelder bis zu 360 aufeinanderfolgenden Krankheitstagen. Damit könne er, Werner Wiesmann, doch wohl zufrieden sein?

Mit dieser Betrachtung geht der Vorgesetzte fehl. Sein Angestellter kann sich auf das Gesetz berufen, das ihm den Lohn bei Krankheit ab dem 1. Tag zuspricht, im 3. Dienstjahr gemäss Zürcher Skala für höchstens 5 Wochen. Diese gesetzliche Regelung ist für den eine Woche lang an Grippe erkrankten Arbeitnehmer klar vorteilhafter und deshalb anwendbar.

Eine andere vertragliche Abmachung käme nur dann ins Spiel, wenn diese günstiger wäre. Beispielsweise dann, wenn Werner Wiesmann 6 Monate lang das Bett hüten müsste, weil er in diesem Fall gemäss Zürcher Skala nur mit 5 Wochen Lohnzahlung rechnen könnte. Die vertragliche Regelung, wonach er bis zu höchstens 360 Tagen den Lohn beziehen kann, bringt ihm also hier weit mehr.

Ist das Krankentaggeld obligatorisch versichert?

Hat ein Arbeitnehmer Anspruch auf Versicherungsleistungen, wenn er längere Zeit krank ist? Wie oben erläutert wurde, auferlegt das Gesetz dem Arbeitgeber während einer bestimmten Zeit eine Lohnfortzahlungspflicht bei krankheitsbedingter Verhinderung des Arbeitnehmers. Doch was passiert danach?

Ein gesetzlicher Anspruch auf Weiterzahlung des Lohnes auf längere Zeit hinaus besteht grundsätzlich nicht. Zwar haben in letzter Zeit verschiedene Gesamtarbeitsverträge die Lohnfortzahlungspflicht sogar bis zu 720 Tagen festgelegt. Das geschieht dann meistens über eine Krankentaggeldversicherung. Diese wird normalerweise vom Betrieb bei einer Versicherungsgesellschaft abgeschlossen. Das tönt gut.

Doch kollektive Krankentaggeldversicherungen können auch Nachteile haben, die ans Mark gehen können. Wer nämlich beim Zeitpunkt des Eintritts in einen solchen Vertrag nicht völlig gesund ist, sondern an bestimmten Krankheiten oder Gebrechen leidet, muss mit diesbezüglichen Vorbehalten rechnen. Folge: Absenzen aufgrund solcher Leiden begründen keine Versicherungsleistungen.

Tip: Wer nicht automatisch beim Betrieb kollektiv versichert ist, tut besser daran, *seine Krankenkasse mit einem Taggeld auszubauen*. Dies hat auch den Vorteil, dass bei einem Stellenwechsel nicht immer auch noch die Versicherung gewechselt werden muss.

Was geschieht bei einem Stellenwechsel mit der Versicherung?

Hat der Arbeitgeber das Krankentaggeld bei einer Krankenkasse versichert, so muss er den ausscheidenden Arbeitnehmer auf die Möglichkeit der Weiterführung der Versicherung (Krankenkasse und Taggeld) als Einzelversicherung aufmerksam machen. Dies fordert das Krankenversicherungsgesetz (KVG). Hat der Arbeitgeber hingegen bei einer Privatversicherung abgeschlossen, so gibt es diese Benachrichtigungspflicht nicht; dennoch steht dem Arbeitnehmer nach dem Austritt aus dem Betrieb das Recht zu, innert Monatsfrist die Kollektivversicherung in eine Einzelversicherung umzuwandeln. Das steht in jedem Kollektivvertrag so.

Doch welcher Versicherte weiss von der Möglichkeit der Weiterführung seiner Versicherung? So gibt es eben immer wieder Fälle, in denen die genannte 30tägige Frist verpasst wird. Der Arbeitnehmer ist dann ohne Versicherungsschutz und steht im Regen. Wenn er sich neu versichern lassen will, hat er eventuell erneut mit Vorbehalten zu rechnen. Dies ist besonders dann schmerzvoll, wenn bei einem Versicherten die anfänglichen Vorbehalte weggefallen sind.

Beispiel:

Silvia Moser hat nach längerer Arbeitslosigkeit wieder eine Stelle gefunden. Der neue Chef stellt es ihr frei, der Kollektivversicherung des Betriebs beizutreten. Wie soll sie sich entscheiden? Wenn Silvia Moser gesundheitlich keine Schwierigkeiten hat, kann sie der betrieblichen Versicherung ohne weiteres beitreten. Sobald sie diese Stelle jedoch wieder verlässt, muss sie aufpassen, dass sie die Kollektivversicherung innert 30 Tagen erneut in eine Einzelversicherung umwandelt.

Sie hat aber auch die Möglichkeit, statt der betrieblichen Kollektivversicherung beizutreten, ihre persönliche Krankenkasse mit einem Taggeld auszu-

bauen. Dabei sollte sie beachten, dass sie das Taggeld nicht auf den ersten Krankheitstag benötigt, sondern erst dann, wenn der Arbeitgeber keinen Lohn mehr zahlen muss. Das ist zwar eine Rechnerei, doch man kann dabei eine ganze Summe Geld sparen. Sinnvoller und billiger ist eine solche Versicherung, wenn sie z.B. erst nach einer Frist von 30 oder 60 Tagen zum Tragen kommt.

Tip: Bei einem Austritt aus dem Betrieb sollte der Versicherungsschutz überprüft werden. Die Krankenpflege- und Taggeldversicherung ist möglichst beizubehalten, weil der Übertritt in eine andere Versicherung meist nur mit Nachteilen verbunden ist. Bei Berücksichtigung der 30tägigen Frist darf kein neuer Vorbehalt angebracht werden. Auch die übrigen Bedingungen (Höhe des Taggeldes) dürfen nicht verschlechtert werden. Eine Verbesserung empfiehlt sich in der Regel: Die meisten Betriebe haben eine Krankentaggeldversicherung mit einer mehrmonatigen Karenzfrist (Wartefrist) abgeschlossen. Auf diese Weise lassen sich Prämien sparen, wobei der Arbeitgeber gleichzeitig das Risiko einer Taggeldzahlung für die ersten Monate der Erkrankung eines Angestellten auf sich nimmt. Wenn bei der Auflösung des Arbeitsverhältnisses die Gefahr einer auch nur vorübergehenden Arbeitslosigkeit besteht, ist es in der Regel ratsam, diese Karenzfrist auf 30 Tage zu reduzieren. Im Falle einer Arbeitslosigkeit wäre auf diese Weise vorgesorgt: Während der ersten 30 Tage einer Erkrankung eines Arbeitslosen erhält er nämlich weiterhin Taggelder von der Arbeitslosenversicherung. Diese Abkürzung der Karenzfrist ist nicht nur möglich, sie ist vom Branchenverband, der Schweizerischen Vereinigung privater Kranken- und Unfallversicherer, ihren Mitgliedern sogar ausdrücklich empfohlen worden.

Wieviel Wert hat ein Arztzeugnis?

Kranksein ist an sich schon alles andere als angenehm. Aber krank sein und sich dafür auch noch entschuldigen müssen verschlimmert die Sache noch. Trotzdem: Mit skeptischen Vorgesetzten ist immer zu rechnen. Im Streitfall ist es Sache des Arbeitnehmers, seine Arbeitsunfähigkeit zu beweisen.

Wie erbringt er diesen Beweis? Häufigstes Beweismittel ist das ärztliche Zeugnis. Es ist aber nicht das einzige Beweismittel. Denn nicht jede Krankheit, die jemanden arbeitsunfähig macht, ruft nach ärztlicher Behandlung. Wer z.B. wegen einer Grippe für drei, vier Tage ans Bett gebunden ist, muss nicht unbedingt im Wartezimmer eines Arztes sitzen, um sich seine Arbeitsunfähigkeit bestätigen zu lassen. Eine Krankheit lässt sich nämlich auch mit *Zeugen* (Familien- und Hausgenossen) belegen.

Doch Zeugenaussagen von Bekannten oder Verwandten werden nicht immer als glaubwürdig erachtet. Und auch ärztliche Zeugnisse können »Gefälligkeitszeugnisse« sein. Das ist jedem klar, der schon einmal im Wartezimmer eines Arztes sass, der routinemässig seine Patienten empfängt und behandelt – und auch routinemässig Zeugnisse ausstellt.

Kein Wunder, dass Arbeitsgerichte immer wieder einmal misstrauisch werden und im Zweifelsfall den behandelnden Arzt um nähere Auskunft ersuchen. Wenn diese eingeholten Auskünfte widersprüchlich oder unglaubwürdig sind, wird sich das Gericht nicht mehr an diese ärztlichen Befunde halten.

Beispiel aus der Gerichtspraxis:

Eine Verkäuferin, die früher nicht oft gefehlt hatte, meldete sich im Kündigungsmonat krank. Da der Arbeitgeber dem Arztzeugnis nicht traute, holte das Gericht einen ausführlichen Bericht beim behandelnden Arzt ein. Dieser bestätigte aber mit eingehender Begründung die Arbeitsunfähigkeit seiner

Patientin. Dies genügte dem Arbeitgeber jedoch noch immer nicht, und er verlangte eine Oberexpertise (ein weiteres Arztzeugnis also).

Dieses zusätzliche Begehren lehnten die Arbeitsrichter in Basel, die diesen Fall 1969 behandelten, jedoch ab. Begründung: Ein anderer Arzt könne nicht nachträglich feststellen, ob die Verkäuferin tatsächlich einige Monate zuvor während einiger Wochen arbeitsunfähig gewesen sei.

Und wenn ein naher Verwandter pflegebedürftig ist?

Der Betrieb hat den Lohn nicht nur bei Krankheit für eine bestimmte Zeit zu bezahlen, sondern auch bei anderen Absenzen, die zwar »in der Person des Arbeitnehmers begründet«, jedoch nicht von ihm verschuldet sind. Darunter wird z.B. auch die schwere Krankheit oder der Tod eines nahen Verwandten verstanden.

Beispiel aus der Gerichtspraxis:

1981 waren nach einem schweren Erdbeben in Süditalien einige hundert Gastarbeiter Hals über Kopf ins Heimatland gereist, weil sie um ihre Verwandten fürchteten.

Das Zürcher Arbeitsgericht verpflichtete die Arbeitgeber dieser Fremdarbeiter zur Lohnzahlung, weil den heimgereisten Italienern unter »angemessener Rücksichtnahme auf ihre persönlichen Verhältnisse nicht zugemutet werden dürfte, weiterhin über das Schicksal der Verwandten im ungewissen zu bleiben«. Diese Ungewissheit sei »ähnlich einschneidend wie der Fall, wo ein naher Verwandter schwer krank ist«.

Dabei spielte es nach Ansicht der Richter keine Rolle, ob tatsächlich ein Verwandter durch das Erdbeben verletzt oder getötet worden war.

Interessant ist dieses Urteil noch aus einem anderen Grund: Der Italiener, der die Klage angestrengt hatte und im wesentlichen recht bekam, forderte den Lohn auch noch für jenen Arbeitstag ein, den er infolge der schlechten Witterung auf der Heimreise einbüsste. Gerade dies sei aber ein Grund einer Arbeitsabsenz, der nicht in der Person des Arbeitnehmers liege, meinten die Richter dazu.

Damit stellte das Gericht auch klar, dass für Arbeitsverhinderungen, die auf höhere Gewalt zurückgehen, kein Lohn geschuldet ist. Kommt also ein Arbeitnehmer wegen eines Lawinenniedergangs, eines Erdrutsches oder ausgiebiger Schneefälle zu spät oder gar nicht zur Arbeit, muss der Betrieb dafür nicht einstehen.

Beispiel:

Barbara Bachmanns ältere Tochter Marianne (6) hat plötzlich hohes Fieber. Der Arzt kann keine sichere Diagnose stellen und verlangt von der alleinstehenden Mutter, dass sie die Kleine überwache. Barbara Bachmann kann aus diesem Grund während drei Tagen nicht zur Arbeit gehen. Hat sie den Lohn trotzdem zugut?

Der Grund für die Absenz von Barbara Bachmann liegt in ihrer Person, nämlich in ihrer Rolle als Mutter. Folglich hat sie Anspruch auf den Lohn für die drei Tage, wie wenn sie selbst erkrankt wäre.

Krank in den Ferien – was tun?

Bei nur vier Wochen Ferien jährlich, wie es in der Schweiz Brauch und Sitte ist, gehört eine gehörige Portion Pech dazu, wenn ein Arbeitnehmer gerade in dieser Zeit krank wird. Trotzdem kommt es immer wieder vor, dass die schönsten Wochen des Jahres von einer unvorhergesehenen Krankheit verpfuscht werden. Wer hat nun das Nachsehen? Der Arbeitnehmer, der seine Ferien vergessen kann, oder der Arbeitgeber, der nochmals Ferien gewähren muss?

Arbeitsunfähigkeit hat Ferienunfähigkeit zur Folge. Dies entspricht der Gerichtspraxis, die in diesem Punkt glücklicherweise einheitlich ist. Voraussetzung dieser Ferienunfähigkeit ist jedoch, dass die Ursache der Arbeitsunfähigkeit den Erholungszweck der Ferien vereiteln wird. Wer die Ferientage statt am Strand im Bett verbringt, wird kaum mehr von Erholung sprechen können. Ihm steht deshalb das Recht auf Feriennachbezug zu. Nicht vereitelt ist der Erholungszweck der Ferien jedoch dann, wenn die Krankheit oder das Unwohlsein nur einen oder zwei Tage dauert.

Tip: *Wer länger krank ist, sollte es dem Arbeitgeber so bald wie möglich mitteilen* – spätestens nach der Rückkehr in die Schweiz –, damit die Ferien im Einverständnis des Arbeitgebers verlängert werden können. Wird jemand während seiner Ferien im Ausland krank, ist es zudem ratsam, am Ferienort ein ärztliches Zeugnis zu organisieren, damit am Arbeitsplatz kein unnötiger Streit entsteht.

Erhalte ich den Lohn auch bei anderen unverschuldeten Absenzen?

Nach Gesetz ist der Arbeitgeber nicht nur bei Krankheit des Arbeitnehmers oder naher Angehöriger, sondern auch im Falle weiterer unverschuldeter Absenzen zur Lohnzahlung gemäss den erwähnten Skalen verpflichtet. *Die Erfüllung gesetzlicher Pflichten oder die Ausübung eines öffentlichen Amtes* etwa ziehen die gleichen Konsequenzen nach sich.

Weitere Beispiele, die nicht im Gesetz stehen, aber dennoch einen Lohnanspruch begründen: unverschuldete Untersuchungshaft, unverschuldete Vorladung vor ein Gericht, Feuerwehrdienst, bestimmte Familienanlässe. Neu geregelt wurde ab 1.1.1984 auch die Lohnzahlung nach einem Unfall (siehe Kapitel »Was leistet die obligatorische Unfallversicherung?«, Seite 103f.).

Woher bekomme ich den Lohn während eines Militärdienstes?

Mit den monatlichen Lohnabzügen wie AHV und Arbeitslosenversicherung wird der Lohn aller schweizerischen Arbeitnehmer und Arbeitnehmerinnen auch noch um einen Beitrag an den Erwerbsersatz (EO) gekürzt. Dabei handelt es sich wie bei den anderen Sozialabgaben um eine Versicherung. Versichert ist bei der Erwerbsersatz-Ordnung der Lohnverlust während des obligatorischen Militärdienstes.

Entgegen einer weitverbreiteten Ansicht erhält ein Soldat während seines Dienstes *nicht nur EO-Entschädigungen*. Genau wie jeder andere Arbeitnehmer, der unverschuldet nicht arbeiten kann, muss der Betrieb auch den Militärdienst Leistenden für eine bestimmte Dauer den Lohn bezahlen, sofern das Arbeitsverhältnis über 3 Monate gedauert hat oder für eine längere Zeit als diese 3 Monate eingegangen worden ist.

Allerdings schuldet der Betrieb den Lohn nicht zu 100 Prozent – wie bei Krankheit oder Schwangerschaft –, sondern nur zu 80 Prozent. Das heisst: Zu den Leistungen des Erwerbsersatzes erhält ein Dienst leistender Arbeitnehmer die Differenz zwischen der EO-Entschädigung und 80 Prozent seines üblichen Lohnes. Wie lange diese Lohndifferenz vom Betrieb gezahlt werden muss, hängt wiederum vom Dienstalter ab. Anwendbar ist die Skala des Arbeitsgerichts am Ort, wo der Arbeitnehmer tätig ist (Skalen Seite 82f.).

Beispiel:

Markus Rutishauser hat seine zweijährige Lehre beendet und in der gleichen Firma als Verkäufer weitergearbeitet. Jetzt muss er in die RS einrücken. Wie setzen sich seine Einkünfte während dieser 17 Wochen zusammen?

Vom Erwerbsersatz erhält er als unverheirateter Rekrut lediglich Fr. 27.–

pro Tag (Stand 1993). Dazu kommt während einer bestimmten Dauer gemäss den erwähnten Skalen die Differenz bis zu 80 Prozent seines üblichen Lohnes. Da Markus Rutishauser in Zürich arbeitet und im dritten Dienstjahr steht (inkl. Lehrzeit!), hat er immerhin fünf Wochen lang 80 Prozent seines üblichen Gehalts vom Arbeitgeber zugut. Nach diesen fünf Wochen erhält er jedoch nur noch den Betrag des Erwerbsersatzes. Und natürlich den Sold, der jedoch nur symbolischen Charakter hat.

Diese *Lohnzahlungspflicht* während *des Militärdienstes* ist im Obligationenrecht ebenfalls nur in Form einer Minimalregelung formuliert. Die Gesamtarbeitsverträge sehen bedeutend bessere Leistungen der Betriebe während des obligatorischen Dienstes vor. Oft ist dort eine feste Lohngarantie für die Länge des gesamten Militärdienstes vorgesehen.

Im Zweifel ist daher von Vorteil, sich vor Beginn der Rekrutenschule beim Arbeitgeber oder bei der zuständigen Gewerkschaft zu erkundigen, ob man einem GAV unterstellt ist.

Nicht selten kommt es vor, dass Firmen bereit sind, freiwillig mehr als das Minimum an Lohnzahlungen zu leisten, sofern sich ein Rekrut verpflichtet, nach der RS noch eine bestimmte Zeit weiterhin im Betrieb zu arbeiten. Eine solche Vereinbarung ist selbstverständlich zulässig und für den 20jährigen überdies von Vorteil, weil er dann für die Zeit nach der RS eine sichere Stelle hat.

7.

Wer haftet bei einem Schadensfall?

Arbeiten kann teuer zu stehen kommen. Denn jeder Arbeitnehmer ist für den Schaden verantwortlich, den er absichtlich oder fahrlässig dem Betrieb zufügt. So regelt das Gesetz die Schadenersatzpflicht des Arbeitnehmers.

Die Fragen, die der Berufsalltag immer wieder aufwirft, kann diese knappe Formulierung allerdings nicht beantworten. Ist es überhaupt fahrlässig, wenn ein übermüdeter Tellerwäscher stolpert und einiges an Geschirr zerschlägt? Ist es leicht oder grobfahrlässig, wenn ein Lastwagenchauffeur vergisst, die Handbremse zu ziehen, und so einen Blechschaden verursacht? Muss ein Filialleiter für den Fehlbetrag in der Kasse aufkommen?

Die Rechtslage ist auf diesem Gebiet sehr unklar. Niemand weiss genau, was gilt. Kein Wunder also, dass sich die Arbeitsgerichte häufig mit der Haftpflicht von Arbeitnehmern zu befassen haben. Im Einzelfall kann nur ein Urteil Klarheit schaffen. Sicher ist aber: *Vollen Ersatz muss in jedem Fall bezahlen, wer den Arbeitgeber absichtlich schädigt.*

Was gehört zum Betriebsrisiko?

Absicht dürfte in den wenigsten Fällen dahinterstecken, wenn einer Supermarkt-Kassiererin nach einem Neun-Stunden-Tag 100 Franken in der Kasse fehlen. Wer täglich vielen Kunden Geld herausgeben muss, kann sich leicht mal irren.

Dass eine solche Tätigkeit an der Kasse rechtlich nicht gleich beurteilt wird wie z.B. die Arbeit eines Büroangestellten, ist klar. Auch ein Berufschauffeur muss in der Frage des Schadenersatzes individuell beurteilt werden. Denn das Berufsrisiko des Fahrers, der den ganzen Tag mit den Gefahren des Strassenverkehrs konfrontiert ist, steht in keinem Verhältnis zu demjenigen seines Kollegen am Schreibtisch. Die Juristen sprechen im Falle des Chauffeurs von sogenannter »gefahrengeneigter« oder »schadensgeneigter« Arbeit. Hinter diesen Begriffen steckt nichts anderes als das Betriebsrisiko, das eindeutig *aufs Konto des Arbeitgebers* geht.

Aus all diesen Gründen ist die Höhe des Schadenersatzes von Fall zu Fall verschieden. Jedes Arbeitsverhältnis muss für sich betrachtet werden, weshalb nicht das Gesetz, sondern nur die Urteile der Gerichte Anhaltspunkte über die Höhe allfälligen Schadenersatzes geben können. Ausser der Frage des Berufsrisikos spielt auch immer wieder die Berufsausbildung oder – anders gesagt – die *mangelnde Berufserfahrung* der eingestellten Arbeitnehmer bei der Bemessung des Schadenersatzes eine Rolle.

Beispiel aus der Gerichtspraxis:

Einer Buchhalterin wurde gekündigt, und sie wurde per sofort beurlaubt. Der Lohn für die Kündigungszeit und den anteilmässigen 13. Monatslohn wollte der Arbeitgeber mit einer Schadenersatzforderung wegen Schlechterfüllung der Arbeit verrechnen. Zur Begründung führte er an, die Buchhalterin habe insbesondere das Mahnwesen vernachlässigt, so dass die Zahlungen nicht regelmässig eingegangen seien. Bei ihrem Weggang sei überdies die Buchhaltung so sehr in Unordnung gewesen, dass ein Treuhänder zur Herstellung der Ordnung habe beigezogen werden müssen. Der ganze Schaden belaufe sich auf Fr. 5000.–.

Aufgrund des Beweisverfahrens war für das Gericht klar, dass die Buchhalterin den an sie gestellten Anforderungen nicht ganz gewachsen war und dass andererseits auch der unübersichtliche Betriebsablauf und mangelnde Instruktion massgeblich zur Überforderung beigetragen haben. Angesichts dieser Situation erachtete das Gericht einen Schadenersatzanspruch des Ar-

beitgebers als nicht gerechtfertigt. Nach Ansicht der Richter hätte der Arbeitgeber die Tätigkeit der Buchhalterin besser überwachen und sie frühzeitig auf Fehler aufmerksam machen müssen.

Ob der Chef oder die Angestellte den Schaden berappen muss, hängt auch davon ab, ob ein Arbeitnehmer verhältnismässig schwierige Arbeit erledigen musste. Auch das Wissen um bestimmte Eigenschaften des Arbeitnehmers spielt diesbezüglich eine Rolle. Kennt der Chef die riskante Fahrweise seines Chauffeurs, so trägt er sicher ein Mitverschulden bei einem allfälligen Unfall, was die Schadenersatzpflicht des »Rasers« herabsetzt.

Allgemein gilt: *Das Betriebsrisiko ist Sache des Arbeitgebers.*

7.2 Wann muss ich wieviel für den Schaden bezahlen?

Für Arbeiten mit einem erheblichen Schadenrisiko, z.B. beim Kassierer oder Berufschauffeur, gilt heute folgende Faustregel: *Der Arbeitgeber muss den Schaden dann voll auf sich nehmen, wenn sein Angestellter nur leicht fahrlässig (»Er hätte sollen...«) gehandelt hat. Mittlere Fahrlässigkeit führt zu einer teilweisen Haftung von höchstens einem Monatslohn. Hat ein Arbeitnehmer aber grob fahrlässig (»Wie kann er nur...?«) oder gar absichtlich gehandelt, ist er zur Deckung des ganzen Schadens verpflichtet.*

Auf die oben angeführten Beispiele übertragen, führen diese Grundsätze zu folgenden Resultaten: Der übermüdete Tellerwäscher, der beim Stolpern einiges Geschirr zerschlägt, muss für den Schaden nicht aufkommen. Dasselbe dürfte wohl für die Kassiererin gelten, die nach einem achtstündigen Arbeitstag einen geringen Fehlbetrag feststellen muss. Dem Filialleiter eines Ladens wird hingegen überhaupt keine Fahrlässigkeit zur Last gelegt werden können, wenn der

Kassenstand nicht dem getippten Betrag entspricht. Schliesslich hat er anderes zu tun, als den ganzen Tag hinter jeder Kasse zu stehen, um den Geldverkehr seiner Filiale zu überwachen. Kein Verschulden trifft auch den Kassierer einer Selbstbedienungs-Tankstelle, wenn gewisse Automobilisten, ohne zu bezahlen, mit vollem Tank abfahren. Er hat ja praktisch keine Möglichkeit, solche Sünder zu verfolgen. Der Mankobetrag gehört in diesen Fällen zum Betriebsrisiko, für das der Angestellte nicht einzustehen hat.

Weitere Beispiele aus der Gerichtspraxis:

Eine Hotelsekretärin, die nebenbei in beschränktem Mass im Bereich der Reception auch Kaffee zu servieren hat, liess regelmässig das Portemonnaie mit den Hoteleinkünften auf der Theke liegen, obwohl sie mehrfach darauf aufmerksam gemacht wurde, dies sei gefährlich. Das Portemonnaie wurde denn auch eines Tages mit einem Inhalt von etwas über Fr. 500.– gestohlen. Der Arbeitgeber zog ihr den vollen Verlust vom Lohn ab. Die dagegen erhobene Klage hatte keinen Erfolg. Das Verhalten der Hotelsekretärin wurde vom Arbeitsgericht als »grob fahrlässig« taxiert.

Ebenfalls für den Schaden aufkommen musste ein Filialleiter in einem Lebensmittelgeschäft, der einem ihm unbekannten Kunden Waren für rund Fr. 500.– auf Kredit gegeben hatte, obwohl er gemäss den allgemeinen Weisungen des Betriebs dazu nicht befugt war. Zwar machte er vor Gericht geltend, diese Weisungen würden generell nicht streng eingehalten. Dies wurde aber vom Arbeitgeber bestritten und blieb unbewiesen.

Ebenfalls zur Kasse gebeten wurde ein Chauffeur, der seinen Geschäftswagen auf dem Betriebsareal abstellte, ohne ihn durch Anziehen der Handbremse zu sichern. Im Leergang rollte der Wagen beim Anfahren vorwärts und beschädigte ein anderes Fahrzeug. Das Arbeitsgericht stellte sich bei dieser Sachlage auf den Standpunkt, dass keinerlei Schaden-Reduktionsgründe in Frage kämen. Nach Ansicht der Richter war es ein krasser Fehler, einen 3,5-Tonnen-Lieferwagen ungesichert abzustellen und ihn beim Startmanöver in einen andern Wagen rollen zu lassen. Dieser Fehler könne auch nicht mit dem Hinweis auf ein Betriebsrisiko entschuldigt werden.

Ein anderer Chauffeur kam nach einem Unfall glimpflich davon: Zwar war er nach Ansicht seiner Richter im Zeitpunkt des Unfalls fahruntüchtig, und das Gericht sprach in seinem Fall von einem schweren Verschulden. Doch musste er den Blechschaden trotzdem nicht berappen, denn der Arbeitgeber wusste um den Zustand des Chauffeurs und schickte ihn in fahruntüchtigem Zustand auf die weite Reise von Zürich nach Turin. Ein solches Verhalten eines Arbeitgebers sei verantwortungslos und verletze im übrigen auch die Ruhevorschriften, meinte das Arbeitsgericht dazu. Und es ergänzte: »Es wäre offensichtlich stossend, wenn ein Arbeitgeber, der aus finanziellen Überlegungen seine Chauffeure länger als erlaubt arbeiten lässt, diese für Unfälle belangen könnte, welche sie in übermüdetem Zustand verursachen, die bei Einhaltung der gesetzlichen Ruhezeit-Vorschriften wahrscheinlich verhindert worden wären.«

Ein letzter Fall noch aus dem Gastgewerbe: Ein Wirt hatte einer Buffettochter Fr. 50.– vom Lohn abgezogen, weil sie im Laufe des fünfmonatigen Arbeitsverhältnisses Geschirr im Wert von ungefähr Fr. 300.– zerschlagen habe. Das Arbeitsgericht taxierte diesen Abzug jedoch als unzulässig, weil auch nach Auffassung der branchenkundigen Richter die Bruchquote nicht übermässig war.

Tip: Wer überzeugt ist, nicht oder nur leicht fahrlässig einen Schaden verursacht zu haben, sollte *sich wehren* und wenn nötig vor Arbeitsgericht gehen.

Sind vertragliche Abmachungen zulässig?

Die Grundsätze zum Schadenersatzrecht im Arbeitsverhältnis, die oben erläutert wurden, dürfen nicht zuungunsten des Arbeitnehmers abgeändert werden. Auch wenn ein Filialleiter eines Lebensmittelgeschäftes z.B. einen Vertrag unterschrieben hat, in dem er sich bereit erklärt, für das Kassenmanko zu einem gewissen Teil selbst aufzukommen, ist dieser Vertragspassus ungültig.

Ebenfalls *ungültig* ist eine vertragliche Abmachung, wonach ein Chauffeur bei Unfallschäden am Fahrzeug des Arbeitgebers den Selbstbehalt der Kaskoversicherung auf jeden Fall selbst bezahlen muss. Dafür muss ein Arbeitnehmer nur aufkommen, wenn er den Schaden mindestens grobfahrlässig verursacht hat. Der Schwarzpeter darf nicht via Vertrag dem Arbeitnehmer zugeschoben werden.

Immer wieder erwähnt werden muss in diesem Zusammenhang auch, dass es *keine Kollektivhaftung* gibt. Ein Arbeitnehmer muss also nur Schäden ersetzen, die er nachweislich verursacht hat.

Beispiel:

Als im Servicewagen eines Schlossers nach fünfjähriger Tätigkeit Werkzeuge im Wert von etwa Fr. 500.– fehlten, wollte ihn der Betrieb für diesen Schaden haftbar machen. Er wehrte sich aber vor Gericht mit Erfolg dagegen. Denn jedesmal, wenn der Schlosser beispielsweise wegen Militärdienst oder Krankheit abwesend war, hatte ein Kollege den Servicewagen benutzt. Es konnte schliesslich nicht bewiesen werden, dass die entstandenen Verluste allesamt bei Benützung des Wagens durch den eingeklagten Schlosser entstanden waren. Im übrigen stellte das Gericht auch fest, dass sich die Verluste angesichts des hohen Werts der Gesamtausrüstung (Fr. 15'000.–) in einem recht bescheidenen Umfang hielten, wenn man die Schwierigkeiten berücksichtigte, auf Baustellen mit hektischem Betrieb die Werkzeuge zusammenzuhalten.

Absolut unzulässig ist es auch, einem Arbeitnehmer zwangsweise ein Prozent vom Lohn zur Deckung der Prämie einer Haftpflichtversicherung abzuziehen. Vielmehr ist es Sache jedes Arbeitnehmers, selbst eine Haftpflichtversicherung abzuschliessen, wenn er bei einem allfälligen Schaden gedeckt sein will. Wenn ein Arbeitgeber sich gegen das Betriebsrisiko versichern will, hat er die Prämie aus dem eigenen Sack zu berappen und kann sie nicht von seinen Angestellten einkassieren.

Muss ich auf den Lohn verzichten, wenn ich dem Arbeitgeber Geld schulde?

Kann der Betrieb den ganzen Lohn zurückbehalten, wenn er aus einem Schadenfall Geld von einem Angestellten zugut hat? Nein. Weil eine solche Regelung den Arbeitnehmer und seine Familie leicht in finanzielle Schwierigkeiten führen könnte, schreibt das Gesetz vor, dass ein Arbeitgeber nur einen Teil des Lohns mit der Schuld des Angestellten verrechnen darf. Und zwar *nur jenen Teil, der das Existenzminimum des Arbeitnehmers übersteigt.*

Wie hoch das Existenzminimum ist, kann nicht allgemein gesagt werden, da es sich aus verschiedenen Einzelbeträgen individuell zusammensetzt. In Zürich beispielsweise kommen zu einem Grundbetrag von 985 Franken für einen alleinstehenden Erwachsenen (Ehepaar 1315 Franken) die tatsächlichen monatlichen Ausgaben für die Wohnung (inkl. Nebenkosten), die Kranken- und Unfallversicherungen, Auslagen für Berufstätige für auswärtige Verpflegung, Fahrten zum Arbeitsplatz sowie pro Kind je nach Alter ein Grundbetrag von 185 bis 440 Franken, zuzüglich die Kosten für die Schule (Weg, Bücher, Schulgeld, Nachhilfestunden). Das Existenzminimum einer Familie kommt so ohne weiteres auf rund 3200 Franken zu stehen (Stand 1993).

Den *ganzen* Lohn zurückbehalten kann der Arbeitgeber in einem einzigen Fall: nämlich dann, wenn sein Angestellter ihm absichtlich Schaden zugefügt hat.

Tip: Da das Existenzminimum in den einzelnen Kantonen unterschiedlich berechnet wird, empfiehlt es sich, sich beim Betreibungsamt an seinem Wohnort zu erkundigen, wie hoch das Existenzminimum ist, das vom Arbeitgeber nicht angetastet werden darf.

8.

Wie bin ich am Arbeitsplatz versichert?

»Maurer bei Unfall von einer Schalwand erdrückt«, »Schreiner beim Sägen drei Finger abgeschnitten«, »Schutzmassnahmen missachtet: Arm in Presse zerquetscht«. Das tönt brutal. Aber tagtäglich können wir aus den Zeitungen von Unfällen am Arbeitsplatz lesen. Da nimmt es verständlicherweise jeden Arbeitnehmer wunder: Welchen Schutz geniesse ich am Arbeitsplatz? Was muss ich tun bei einem Unfall? Welche Leistungen kann ich von welcher Versicherung verlangen? Oder: Was passiert mit den grossen Abzügen für die Pensionskasse, wenn ich die Stelle wechsle?

Diese und andere Fragen kommen immer wieder auf, denn das Thema »Versicherungen am Arbeitsplatz« ist für viele Arbeitnehmer ein Buch mit sieben Siegeln.

Wer zahlt bei Körperschäden?

Chauffeur Roland Schaad hat seinen Lastwagen fertig entladen. Von der Hebewand springt er auf den Boden hinunter. Beim Aufprallen auf den Boden durchzuckt ihn ein stechender Schmerz im linken Knie. Kurze Zeit danach schwillt das Knie an, der Schmerz nimmt zu. An eine Weiterfahrt ist nicht zu denken. Auch über Nacht nehmen die Schmerzen nicht ab. Roland Schaad kann das Knie nicht mehr belasten. Er beschliesst, seinen Hausarzt aufzusuchen. Dieser weist ihn umgehend ins Kantonsspital ein.

Nach sechs Wochen Spitalaufenthalt mit Behandlungen ist Roland Schaad wieder so weit hergestellt, dass er schmerzfrei laufen kann.

Der Arzt rät ihm jedoch davon ab, in nächster Zeit das Knie extrem zu belasten. Zwar hat Roland Schaad während dieser Zeit den Lohn vom Arbeitgeber erhalten. Doch der ist der Ansicht, dass er für diesen Unfall nicht alleine gradzustehen hat, vielmehr solle die Schweizerische Unfallversicherungs-Anstalt (SUVA) etwas bezahlen, der er obligatorisch angeschlossen ist. Er stellt zu Recht den Antrag, dass er für den vorgeschossenen Lohn eine Rückvergütung erhält.

Tip: Bei einem Arbeitsunfall sollte man einerseits *diesen Unfall ärztlich untersuchen und bescheinigen lassen,* andererseits auf einer Leistung der Versicherung bestehen, bei der der Betrieb ja obligatorisch versichert ist.

Was leistet die obligatorische Unfallversicherung?

Seit dem 1. Januar 1984 ist grundsätzlich jeder Arbeitnehmer in der Schweiz, einschliesslich Heimarbeiter, Lehrlinge, Praktikanten etc., vom Arbeitgeber gegen Unfall und Berufskrankheiten versichert. Früher bestand dieses Obligatorium zur Versicherung nur bei einer bestimmten Anzahl gefährdeter Berufsgruppen. Nun ist aber vom ersten Tag eines jeden Arbeitsverhältnisses an jeder Arbeitnehmer versichert. Das bedeutet, dass er bei vorübergehender unfallbedingter Absenz während einer bestimmten Zeit ein Taggeld ausbezahlt erhält, das ihm den Lohn ersetzt.

Bei andauernder, teilweiser oder gänzlicher Arbeitsunfähigkeit hat der Arbeitnehmer einen Anspruch auf eine Rente. Die Leistungen der Unfallversicherung richten sich nach dem versicherten Verdienst.

Die Unfallversicherung deckt dabei nicht nur Berufsunfälle, sondern vielmehr *auch Nichtbetriebsunfälle* und Berufskrankheiten ab. Einzig bei Teilzeitbeschäftigten, die unter zwölf Wochenstunden arbeiten, deckt die Unfallversicherung nur Arbeitsunfälle und Unfälle auf dem Weg zur Arbeit ab. Will somit ein Teilzeitbeschäftigter einen ausgebauten Unfallschutz, so empfiehlt sich der Abschluss einer Nichtbetriebsunfallversicherung (NBU), deren Prämien er allerdings selbst aufzubringen hat.

Die Leistungen der Versicherung umfassen Pflegeleistungen und Kostenvergütungen (Arztrechnung, Zahnarztrechnung, Pflege in der Allgemeinabteilung eines Spitals, Medikamente) sowie allfällige der Heilung dienende Gegenstände (Prothesen, Hörapparate etc.). Ab dem dritten Tag nach dem Unfall hat der Versicherte Anspruch auf ein *Taggeld* in der Höhe von 80 Prozent des versicherten Lohnes. Die ersten beiden Tage muss der Arbeitgeber bezahlen.

Wenn der versicherte Arbeitnehmer infolge des Unfalls teilweise oder vollständig erwerbsunfähig wird, so bekommt er eine Invalidenrente bis zu 80 Prozent des versicherten Verdienstes. Trägt der Arbeitnehmer durch den Unfall eine bleibende und erhebliche Schädigung davon (Verlust einer Hand, steifes Bein etc.), so wird je nach Schwere der Schädigung zusätzlich eine Integritätsentschädigung entrichtet, die höchstens einen Jahreslohn beträgt, wobei die Summe durch die Gesetzgebung zur Zeit auf Fr. 97'200.– begrenzt ist (Stand 1993). Beim Tod des versicherten Arbeitnehmers erhalten dessen Nachkommen und der Ehegatte auch eine Rente. Interessant ist dabei, dass erstmals auf dem Gebiet der schweizerischen Sozialversicherung beim Tod einer erwerbstätigen Ehefrau auch der Ehegatte (Witwer) Anspruch auf eine Rente hat.

Hat jedoch der Verunfallte durch leichtsinniges Verhalten, z.B. durch die Nichtbeachtung vorgeschriebener Sicherheitsvorkehrungen, selbst den Unfall verursacht, so erfolgt eine Kürzung der Rente.

Wann zahlt die IV?

Neben der betrieblichen Unfallversicherung besteht als eine der älteren Sozialversicherungseinrichtungen die IV. Das weiss jeder Arbeitnehmer. Ein grosser Teilbetrag der Lohnabzüge geht ja an die

AHV/IV. Ein wichtiger Hinweis sei bereits hier gegeben: Für den Arbeitnehmer zahlt es sich aus, möglichst lückenlos Beiträge an die AHV/IV zu zahlen. Sind Lücken in den Beitragszahlungen da, beispielsweise infolge einer längeren Auslandsreise, so kann sich dies auf die Rentenhöhe auswirken, sei es nun nach der Pensionierung bei der AHV- oder bei eingetretener Invalidität bei der IV-Rente.

Kommt es zu einer teilweisen oder vollständigen Invalidität, so richtet die IV Renten aus. Dabei spielt keine Rolle, ob die Invalidität aus einem Betriebsunfall oder ausserbetrieblichen Unfall, aus Krankheit oder anderen Gründen herrührt.

Die Invalidenrente hängt vom Invaliditätsgrad ab. Eine Viertelsrente wird bei einer Invalidität von mindestens 40%, eine halbe Rente bei mindestens 50% und eine ganze Rente bei mindestens $66^2/_3$% Invalidität entrichtet. Diese relativ grobe Abstufung wird bei der obligatorischen Unfallversicherungs-Rente (UVG) nicht gemacht. Dort wird exakt berechnet, um wieviel die Leistungsfähigkeit infolge des eingetretenen Unfalls abgenommen hat, also wieviel der Versicherte weniger verdient. Von dieser Differenz aus berechnet sich dann die UVG-Rente.

Für die Ehefrau erhält ein invalider Mann eine Zusatzrente, invalide Männer und Frauen erhalten für ihre Kinder Kinderrenten. Eine ehemals erwerbstätige Ehefrau erhält jedoch für ihren Mann keine Zusatzrente, die Gleichstellung der Geschlechter ist nicht realisiert.

Bevor jedoch die Invalidität zu einer Rente führt, wird vorrangig die berufliche Eingliederung gefördert: Die betroffenen Personen sollen, soweit möglich, weiterhin entsprechend ihren Möglichkeiten einer Arbeit nachgehen können, weshalb Eingliederungskosten, Kosten für Sonderschulungen, Kosten für Hilfsmittel zur Ausübung der Erwerbstätigkeit und Taggeld entrichtet werden. Beim Zusammentreffen von Leistungen der IV und der Unfallversicherung sowie allfälligen weiteren Versicherungen erfolgt eine Kürzung von Leistungen dann, wenn diese Leistungen zu einem »Versicherungsgewinn« führen, d.h. die verschiedenen Leistungen eine Besserstellung gegenüber dem Erwerbseinkommen bedeuten.

Tip: Beiträge an die AHV/IV können bis zu fünf Jahre rückwirkend noch einbezahlt werden, falls eine Lücke besteht. Wer unsicher ist, sollte sich bei der letzten Ausgleichskasse über seine Beitragszahlungen Aufschluss geben lassen! Die kontenführenden Ausgleichskassen können aus der Nummer auf dem AHV/IV-Versicherungsausweis und der letzten Seite des Telefonbuches ersehen werden.

Was heisst berufliche Vorsorge?

Neben der Haftung des Arbeitgebers für Betriebsunfälle und der Leistung der IV besteht noch eine dritte Versicherungseinrichtung. Es handelt sich um das »Berufliche Vorsorgegesetz«, das – im landläufigen Sinne gesagt – für alle Arbeitnehmer eine Pensionskasse bezweckt.

Es ist bekannt, dass die AHV- und IV-Renten nach oben begrenzt sind. Die höchste Rente beträgt am 1.1.1993 Fr. 1880.– (einfache Rente) bzw. Fr. 2820.– (Ehepaarrente). Bis zu einem bestimmten Einkommen ist darüber hinaus der diesen Betrag übersteigende Lohn aufgrund des Beruflichen Vorsorgegesetzes (BVG) ebenfalls obligatorisch versichert.

Das BVG vereinigt ein obligatorisches Sparen für die Zeit nach der Pensionierung sowie eine Risikoabdeckung für die Dauer der Erwerbstätigkeit. Im Falle einer Invalidität während der Erwerbstätigkeit werden dem Versicherten aus der IV und aus dem BVG oder der obligatorischen Unfallversicherung (UVG) Leistungen erbracht; kommt er bis zur Pensionierung heil über die Runden, erhält er eine Altersrente neben der AHV.

Bei der Stellenaufgabe wird das zu diesem Zeitpunkt erworbene Altersguthaben als »Freizügigkeitsleistung« auf die Pensionskasse des neuen Betriebes übertragen. Je nach Kassenart wird der Betrag der Freizügigkeit unterschiedlich berechnet. Während langer Zeit bestand Unklarheit über die Art und Weise der Berechnung, oft stand den Interessen der versicherten Arbeitnehmer auf eine möglichst grosszügige Rechnung das Interesse der Kasse, möglichst viel zurückzubehalten, gegenüber. Das Eidgenössische Versicherungsgericht hat nun in einem Urteil eine relativ komplizierte Berechnungsmethode angewandt, die jedoch auch nicht zu befriedigen vermag. Auf parlamentarischer Ebene wird zudem aufgrund von Vorstössen und einer hängigen Initiative über eine Neufassung der Freizügigkeit beraten.

Allen Arbeitnehmern ist zu empfehlen, sich bei einem Stellenwechsel vorsichtshalber über die Art der angewandten Berechnung der Freizügigkeit zu informieren und sich anschliessend bei einer kompetenten Stelle beraten zu lassen, denn nur allzuoft bleiben aus Unkenntnis über die Rechtslage namhafte Beträge bei der alten Pensionskasse liegen.

Nebst der Übertragung der Freizügigkeitsleistung an die neue Pensionskasse ist in beschränktem Rahmen auch eine Barauszahlung möglich: bei einem endgültigen Verlassen der Schweiz, bei Aufnahme einer selbständigen Erwerbstätigkeit, die der obligatorischen Versicherung nicht untersteht, oder wenn eine Frau sich verheiratet und die Erwerbstätigkeit definitiv aufgibt.

Doch gerade dieser dritte Grund – die Arbeitsaufgabe einer verheirateten Frau – muss gut durchdacht werden: Ist später ein Wiedereintritt ins Berufsleben notwendig oder erwünscht, so gibt es für die verheiratete Frau nur eine sehr kleine Rente.

Heute besteht im grossen und ganzen zwar ein relativ gut ausgebauter Schutz, er ist jedoch durch das Nebeneinander der verschiedenen Versicherungseinrichtungen sicher nicht einfach zu durchschauen. Die Geltendmachung des Anspruchs und eine allfällige gerichtliche Durchsetzung ist so für den Grossteil der Arbeitnehmer zu einer schwierigen Angelegenheit geworden.

Tip: Der Arbeitnehmer sollte sich bereits *vor Eintritt eines Schadensfalles* über die Versicherung am Arbeitsplatz, über eine allfällig bestehende Nichtbetriebsunfallversicherung (NBU) und über die betriebliche Pensionskasse informieren. Bei Eintritt eines Schadensfalles sollte er im übrigen sofort einen Arzt aufsuchen und sich nachher mit dem Arbeitgeber über die Geltendmachung des Versicherungsanspruches beraten.

Ist frühzeitige Pensionierung möglich?

Immer häufiger wollen Arbeitnehmer ihren Lebensabend noch etwas geniessen. Sie überlegen sich, ob sie ein paar Jahre vor dem offiziellen Pensionsalter aus dem Betrieb aussteigen wollen. Das ist ihr gutes Recht.

Allerdings können sie bei frühzeitiger Pensionierung noch keinen Anspruch auf eine AHV-Rente erheben. Das BVG gibt jedoch in bezug auf die Pensionskasse diese Möglichkeit: Mit dem definitiven Ausscheiden aus dem Erwerbsleben können die Beiträge ausbezahlt werden, sei es nun en bloc oder in Rentenform. So kann vielfach bis zum Bezug der AHV-Altersrente eine Art Brücke geschlagen werden. Es muss jedoch eine Rentenkürzung in Kauf genommen werden.

9.

Ich arbeite Teilzeit

Teilzeitstellen sind immer mehr gefragt: Verheiratete Mütter, die wieder in das Berufsleben einsteigen wollen, junge Leute, die ihre Bedürfnisse einschränken und ihr Lebensglück nicht in der 5-Tage-Woche sehen, wie auch Arbeitslose, die schon mit einer Temporärstelle zufrieden wären, machen sich die (zu wenigen) Teilzeitjobs streitig. Dem wirtschaftlichen und sozialen Bedürfnis nach vermehrten Teilzeitbeschäftigungen steht eine heute noch recht bruchstückhafte Regelung gegenüber. Teilzeit- und Aushilfsarbeiten sind im Gesetz als solche gar nicht erwähnt.

Welche Rechte habe ich als Teilzeitarbeiter(in)?

Margrit Moser arbeitet durchschnittlich 50 Prozent. Anfang Monat erhält sie jeweils eine Liste, in der ihre Arbeitszeiten für die nächsten vier Wochen eingetragen sind. Anfang Juli muss sie überraschend feststellen, dass sie für den ganzen Monat ohne Arbeit ist. Kann man mich wirklich einfach kaltstellen, fragt sich die unerfahrene Margrit Moser verzweifelt. Sicher nicht! Denn wer eine Stelle zu 50 Prozent ausfüllt, hat auch Anspruch auf Arbeitszuweisung in diesem Umfang. Selbst wenn im Betrieb vorübergehend Flaute herrscht und der Chef zuwenig Arbeit für alle hat, muss er seinen Angestellten trotzdem den üblichen Lohn bezahlen.

Auch in Sachen Ferien dürfen Teilzeitler nicht diskriminiert werden. Eine Putzfrau, die wöchentlich jeweils Montag und Donnerstag je zwei Stunden Büros reinigt, hat denselben Ferienanspruch wie ein Vollzeit-Angestellter. Sie darf ebenfalls vier Wochen im Jahr von der Arbeit fernbleiben, ohne ihren Lohn einzubüssen.

Wichtig: Teilzeitarbeiter sind also nicht einfach Lückenbüsser oder Arbeiter zweiter Klasse. Die Tatsache, dass das Gesetz keine speziellen Artikel für sie vorgesehen hat, bedeutet nämlich: *Teilzeitarbeiter sind Vollbeschäftigten grundsätzlich gleichgestellt.* Das heisst: Auch sie haben Anspruch auf Arbeit und Ferien, und zwar mindestens im gesetzlich vorgeschriebenen und vertraglich abgemachten Umfang.

Lohnzuschlag statt Ferien?

Kann Marlies Moser auf ihre Ferien verzichten und sich die Entschädigung in Bargeld auszahlen lassen?

Die Antwort heisst grundsätzlich nein. Die Ferien müssen tatsächlich bezogen werden und dürfen nicht mit Bargeld abgegolten werden. Die Gerichte sind in diesem Punkt rigoros. Ein Arbeitgeber, der dieses Verbot der Barauszahlung missachtet, tut dies auf eigenes Risiko. Sein Angestellter kann in solchen Fällen die Ferien noch in natura nachholen, obwohl er das Feriengeld bereits erhalten hat.

Dieses Ferien-Abgeltungsverbot scheint allerdings in den letzten Jahren immer mehr in Vergessenheit geraten zu sein. In zunehmendem Mass sind mit Teilzeitarbeitenden Arbeitsverträge abgeschlossen worden, in denen von vornherein ein fester Prozentsatz des Lohnes als Entschädigung verabredet wurde.

Beispiel aus der Gerichtspraxis:

Eine Frau hatte während sechzehn Monaten als Hilfsangestellte in einem Teilzeit-Verhältnis gearbeitet. Für ihre Tätigkeit erhielt sie einen Lohn von Fr. 60.– pro Tag, in dem nach Angaben ihrer Arbeitgeberin ein Betrag von

Fr. 3.40 als Abgeltung des Ferienanspruchs eingeschlossen war. Die Kiosk-Frau klagte die entgangenen Ferien ein. Ihre Forderung wurde sowohl in erster wie in zweiter Instanz gutgeheissen.

In seinem Urteil erklärte das Basler Appellationsgericht, Lohnzuschläge statt Ferien seien nur in absoluten Ausnahmefällen zulässig, nämlich dann, wenn die Berechnung des Ferienanspruchs auf erhebliche Schwierigkeiten stossen würde. Es war aber klar, dass die Kiosk-Verkäuferin zwar unregelmässig arbeitete, jedoch ungefähr zwei Drittel eines vollen Arbeitspensums erbrachte. Der Ferienanspruch war somit unschwer zu errechnen.

Dieses Urteil hatte zur Folge, dass die Verkäuferin ihre Ferien noch hätte nachholen dürfen, obwohl sie den Ferienzuschlag bereits kassiert hatte. Inzwischen war aber das Arbeitsverhältnis aufgelöst und das Nachholen der Ferien also unmöglich geworden. Der Fall führte so zu einem kuriosen Ergebnis: Die Arbeitgeberin musste der Verkäuferin den entsprechenden Lohnanteil ein zweites Mal bezahlen...

Dass die Gerichte in dieser Angelegenheit nicht kompromissbereit sind, hat seinen Grund: Der Zweck der gesetzlichen Ferienregelung ist der Schutz der Gesundheit des Arbeitnehmers und der Schutz der Volksgesundheit im allgemeinen. Die Gewährung der Ferien liegt damit nicht nur im privaten Interesse des Arbeitnehmers, sondern ganz allgemein auch im öffentlichen Interesse. Daraus ergibt sich für die urteilenden Richter klar die Pflicht des Arbeitgebers, die Angestellten notfalls zum Bezug der Ferien anzuhalten. Ein Arbeitgeber, der die Ferien trotz gesetzlichen Verbots durch Lohnzuschläge abgilt, tut dies auf eigene Gefahr.

Ausnahme: Ein Ferienbezug in Form eines Lohnzuschlages ist nur dann zulässig, wenn die Arbeitsweise eines Beschäftigten derart unregelmässig ist, dass es kaum möglich wäre, seinen Ferienanteil zu berechnen. In solchen Fällen muss der Vertrag diesbezüglich eindeutig sein. Eine Vertragsklausel wie z.B. »Das Feriengeld ist im Stundenlohn inbegriffen« genügt nicht. Der Ferienzuschlag muss genau beziffert sein und z.B. so lauten: »Stundenlohn Fr. 15.60, Ferienentschädigung Fr. 0.95«. Oder in Prozenten ausgedrückt: 4 Wochen Ferien jährlich machen 8,33% des Bruttolohnes aus. Bei einer angenommenen Feriendauer von 5 Wochen sind es 10,64% (Berechnungen laut BIGA). Der Ferienzuschlag zum Lohn muss gemäss Gerichtspraxis nicht nur im Vertrag einzeln ausgewiesen werden, er muss zudem auf jeder einzelnen Lohnabrechnung gesondert aufgeführt werden.

Was gilt bei Krankheit und Kündigung?

Auch für die Lohnzahlung bei unverschuldeter Arbeitsverhinderung (Krankheit, Unfall, Militärdienst etc.) gelten für die Teilzeitarbeiter die gleichen Grundsätze wie für die Vollbeschäftigten: Sofern ein Arbeitsverhältnis für mehr als drei Monate eingegangen wurde oder mindestens drei Monate gedauert hat, berechnen sich diese Ansprüche gemäss den Skalen der Arbeitsgerichte in Bern, Basel oder Zürich (siehe Seite 82f.). *Gleiches Recht* schliesslich auch bei der Auflösung des Arbeitsverhältnisses: Die Kündigungsfristen bleiben sich gleich. Die Putzfrau, die zweimal wöchentlich Montag und Donnerstag während zwei Stunden die Büros reinigt, hat im ersten Arbeitsjahr ebenfalls eine Kündigungsfrist von einem Monat, sofern es in ihrem Arbeitsvertrag nicht anders geregelt ist.

Wie ist es um die Sozialleistungen bestellt?

Trotz der grundsätzlichen Gleichstellung des Teilzeitarbeiters mit den Full-Time-Kollegen hat der freiwillige »Kurzarbeiter« mit Nachteilen zu rechnen. Sie liegen bei den Sozialleistungen.

In der *Arbeitslosenversicherung* beispielsweise muss zwar auch ein Teilzeitler Lohnprozente einzahlen, doch Stempelgeld bezieht er nur dann, wenn er innerhalb der letzten zwei Jahre während insgesamt sechs Monaten erwerbstätig war und der Mindestverdienst in jedem dieser Monate Fr. 500.– betrug. Temporärarbeiter sind zudem nur dann anspruchsberechtigt, wenn sie die Stelle beim Temporärinstitut definitiv aufgeben und eine Dauerstelle annehmen wollen.

In Sachen *AHV/IV* machen die monatlichen Lohnabzüge auch den Rentenanspruch aus. Eine volle einfache Minimalrente beträgt heute Fr. 960.–. Bei einem Jahreseinkommen über Fr. 11'520.– (Stand 1993) erhöht sich diese Rente.

Gegen *Unfall* sind alle Teilzeitarbeitnehmer seit Anfang 1984 obligatorisch versichert. Dies gilt allerdings nur für Unfälle bei der Arbeit oder auf dem Arbeitsweg. Wer in der Freizeit Pech hat, hat nur Anspruch auf die Leistungen der obligatorischen Unfallversicherung, wenn er mindestens zwölf Stunden pro Woche im gleichen Betrieb tätig ist. Für seine Freizeit muss er sich sonst privat versichern.

Die *Pensionskasse* ist auf den 1. Januar 1985 vereinheitlicht worden. Seither ist gesetzlich vorgeschrieben, dass alle Angestellten einer Pensionskasse angeschlossen werden müssen. Einzige Voraussetzung für Teilzeitler: Das Einkommen muss jährlich mindestens Fr. 22'560.– (Stand 1993) ausmachen.

Welche Ansprüche haben Aushilfen?

Hat jeder Angestellte Anrecht auf Lohnzahlung bei Krankheit, auch wenn er nur ab und zu auf Abruf arbeitet? Nein, denn nach dem Gesetz können nur jene Beschäftigten in den Genuss dieses Anspruchs kommen, die mindestens drei Monate an der gleichen Stelle gearbeitet haben oder einen Vertrag abgeschlossen haben, der von vornherein über drei Monate dauert.

Wer weniger als drei Monate unregelmässig oder nach Bedarf arbeitet, wird als Aushilfe bezeichnet. Aushilfe ist also z.B. eine Serviertochter, die während zweier Sommermonate samstags und sonntags in einem Hotel aushilft, oder jener Student, der sein Taschengeld durch einen vierwöchigen Einsatz bei der Post aufbessert.

Nicht als Aushilfe gilt dagegen eine sog. »Aushilfsverkäuferin«, die seit einem Jahr bei der Migros tätig ist und im Monat auf etwa 80 Arbeitsstunden kommt. Ihre Anstellung ist auf Dauer angelegt. Rechtlich gesehen ist sie eine Teilzeitangestellte, sie erhält demnach ihren Lohn auch im Krankheitsfalle.

Temporärarbeitende – zwischen Stuhl und Bank?

Wer nur für kurze Zeit eine Stelle sucht und nicht regelmässig, aber immer wieder nach Bedarf arbeiten will, wendet sich in der Regel an Stellenvermittlungsbüros der Temporärbranche. Die Verträge mit solchen Firmen sind äusserst unterschiedlich abgefasst. Gemeinsam ist in der Regel, dass sich die Temporärfirma verpflichtet, Stellen zu vermitteln, und der Arbeitnehmer sich bereit erklärt, zu einem bestimmten Lohn befristet zu arbeiten.

Wichtig: *Arbeitgeber ist immer die Temporärfirma* und nicht jener Betrieb, in der ein »Temporärer« seine Arbeit ausführt (Einsatzort). Das bedeutet, dass sich sämtliche Ansprüche des Arbeitnehmers an das Temporärbüro richten.

Ob ein temporär Beschäftigter als Aushilfe oder als Teilzeitarbeitnehmer einzustufen ist, hängt ausschliesslich von der Länge seiner Anstellung ab.

Beispiel:

Der Arbeitsplan des Monteurs Alfred Ernst bei der Temporärfirma Work-King sah in den vergangenen Monaten so aus: Zuerst arbeitete er fünf Wochen bei der Firma Melag, nachher zwei Wochen bei Begaco, und sein dritter Einsatz dauerte zwei Monate. In der letzten Woche erkrankte er für vier Tage. Hat Ernst einen Anspruch auf Lohnzahlung in dieser Zeit?

Selbstverständlich hat er Anspruch auf vollen Lohn während dieser vier Tage: Laut Gesetz ist der Arbeitgeber verpflichtet, nach dreimonatigem Arbeitsverhältnis während mindestens drei Wochen Krankheitstage zu bezahlen. Und Ernst war insgesamt fünfzehn Wochen für die gleiche Temporärfirma und somit für den gleichen Arbeitgeber tätig.

Nachdem jahrelang immer wieder Missbräuche aufgetreten sind, ist Mitte 1991 das neue Bundesgesetz über die Arbeitsvermittlung und den Personalverleih in Kraft getreten. Wer Stellen vermitteln oder Arbeitswillige (»Temporärarbeiter«) an andere Betriebe ausleihen will, muss neu eine kantonale Bewilligung einholen. Er muss über einen guten Leumund verfügen und Gewähr für eine fachgerechte Verleihtätigkeit bieten. Zur Sicherung von Lohnansprüchen der Beschäftigten muss neu eine Kaution beim Kanton hinterlegt werden. Dies ist besonders bei kleinen Temporärbüros von Bedeutung, weil diese sich in den vergangenen Jahren immer wieder einmal durch einen schnellen Konkurs aus der Verantwortung geschlichen haben. Für Streitigkeiten aus solchen Arbeitsverhältnissen ist übrigens neu bis zu einem Streitwert von 20'000.– Franken ein kostenloses, einfaches und rasches Verfahren vorgesehen. Der Gerichtsstand ist neu ebenfalls gesetzlich festgelegt, nachdem früher das Einsatzpersonal bei Streitigkeiten gemäss kleingedruckten Vertragsbestimmungen auch mal ins Fürstentum Liechtenstein verwiesen wurde. Zuständig zur Beurteilung ist nun das Gericht am Wohnsitz des Beklagten oder der Geschäftsniederlassung des Verleihers.

Was ist ein freier Mitarbeiter?

Die Probleme der freien Mitarbeiter stellen sich vor allem bei Teilzeitbeschäftigten. Ist z.B. eine Lehrerin, die regelmässig einige Stunden pro Woche an einer privaten Handels- und Sprachschule unterrichtet, rechtlich als Arbeitnehmerin zu betrachten? Oder sind die

Gesetzesartikel über den Auftrag anwendbar? Welchem Vertragsverhältnis ist jener Gipser unterstellt, der zeitweise Aufträge für Renovationen in Altbauten annimmt?

Von der Antwort auf diese Frage hängt sehr viel ab. Denn wer als freier Mitarbeiter tätig ist, steht mit seinem Vertragspartner in einem *Auftrags- oder Werkvertragsverhältnis*. Diese Verträge sehen keinerlei Ansprüche des Beschäftigten auf Ferien- oder Krankheitslohn vor. Ansprüche, die über die Arbeitsvergütung hinausgehen, enthält nur der Arbeitsvertrag.

Der Titel des Vertrages ist für seine rechtliche Qualifikation unbedeutend. Oft kommt es vor, dass ein Arbeitnehmer im schriftlichen Vertrag fälschlicherweise als freier Mitarbeiter bezeichnet wird, obwohl er in Wirklichkeit in einem Arbeitsverhältnis steht. Grund für solchen Etikettenschwindel: Ein freier Mitarbeiter im Auftragsverhältnis ist billiger als ein Teilzeitangestellter im Arbeitsverhältnis. Massgebend für die Einordnung eines Arbeitenden ist nicht die Bezeichnung im Vertrag, sondern die Art der Bindung zum Arbeit- oder Auftraggeber. Bei Unsicherheiten ist deshalb zu empfehlen, das Vertragsverhältnis näher unter die Lupe zu nehmen.

Hauptkriterium ist das Unterordnungsverhältnis zum Auftraggeber. Ein Arbeitsvertrag liegt dann vor, wenn ein Arbeiter im Betrieb des Chefs gemäss seinen Weisungen bestimmte Sachen erledigt. Auch eine Zusammenarbeit mit anderen Beschäftigten ist nur im Rahmen eines Arbeitsvertrags erzwingbar.

Beispiel:

Die oben bereits erwähnte Sprachlehrerin hat einen Vertrag abgeschlossen, der Widersprüche enthält. Einerseits ist darin festgelegt, dass sie in einem Auftragsverhältnis beschäftigt ist und dementsprechend keinerlei Honoraransprüche bei ausfallenden Lektionen oder bei Krankheit oder Unfall zugut hat. Andererseits ist der Vertrag mit »Arbeitsvertrag« und »Arbeitnehmer« bezeichnet. In der unterschriebenen Form ist also das Vertragswerk zweideutig, weder Fisch noch Vogel, weder Arbeitsvertrag noch Auftrag.

Gewissheit über den wirklichen Charakter des Vertrags ergibt sich nur bei einer näheren Betrachtung. Sie zeigt, dass in diesem Vertrag die Bestandteile eines Arbeitsvertrags überwiegen, denn die Sprachlehrerin ist in Sachen Arbeitszeit an bestimmte Zeiten und Arbeitsplätze gebunden, die allein von der Schule bestimmt werden. Ausserdem unterrichtet sie Schüler, die ausschliesslich von der Schule zugewiesen werden. Bezüglich der Lehrmethode hat sie sich den Vorstellungen des Arbeitgebers anzupassen.

Die Beurteilung des Vertrags als Arbeitsvertrag hat für die Teilzeitlehrerin eine erfreuliche Konsequenz: Alle jene Bestimmungen, die dem Arbeitsrecht widersprechen, sind ungültig. Sie hat also trotz gegenteiliger Abmachungen im Vertrag Anspruch auf Lohnzahlung bei unverschuldeter Arbeitsverhinderung, Ferien, evtl. Kinderzulagen und die übrigen Sozialleistungen. Auch die Kündigungsfrist richtet sich nach dem Arbeitsvertragsrecht.

Die erwähnten Überlegungen finden auch auf das Vertragsverhältnis des Gipsers Anwendung. Wenn er an Arbeitsplätzen beschäftigt ist, die ihm von einem bestimmten Betrieb oder einer Firma zugewiesen werden, liegt offensichtlich ein Unterordnungsverhältnis und damit ein Arbeitsvertrag vor. Wenn er zudem nicht sein eigenes Material und Werkzeug benutzt, liegt ein weiteres Indiz zugunsten eines Arbeitsvertrags vor.

Anders wäre es dann, wenn der Gipser lediglich den Auftrag erhielte, einen bestimmten Altbau zu renovieren, die Art und Weise der Ausführung und die Arbeitszeiten aber selbständig festsetzen könnte. In diesem Fall müsste von einem Werkvertrag gesprochen werden. Als Arbeitsentgelt hätte der Gipser nur Anspruch auf den Werklohn, ein fixes Honorar ohne jegliche Nebenleistungen. Als selbständig Tätiger müsste er in diesem Fall die Sozialleistungen aus dem eigenen Sack bezahlen.

Besondere Rechtslage für Heimarbeiter?

Heimarbeit hat Zukunft. Besonders im Sektor Textverarbeitung. Mit Hilfe von einfach zu handhabenden Computerterminals wird es z.B. für Hausfrauen und Mütter möglich, nebenbei mit Schreibarbeiten noch etwas Geld zu verdienen. Trägt das Gesetz dieser allmählichen Verlagerung – besonders im Bürobereich – Rechnung? Verlieren die Angestellten mit dem Wechsel des Arbeitsortes vom Geschäft in die eigene Wohnung auch ihre Ferien- und Krankenlohnansprüche?

Das Rechtsverhältnis der Heimarbeiter ist uneinheitlich geregelt. Das neue *Heimarbeitsgesetz*, das im April 1983 in Kraft getreten ist, gilt nämlich nur für gewerbliche und industrielle Hand- und Maschinenarbeiter. Wer also zu Hause kaufmännische Arbeiten erledigt, ist diesem Gesetz, das einige Fortschritte bringt, nicht unterstellt. Trotzdem die wichtigsten Neuerungen dieses Erlasses:

- Die Arbeitsbedingungen müssen dem Heimarbeiter bei der ersten Beschäftigung schriftlich bekanntgegeben werden.
- Der Lohn für Heimarbeit muss grundsätzlich gleich sein wie der Lohn im Betrieb. Allerdings ist dabei auf allfällige Mehr- oder Minderaufwendungen des Angestellten Rücksicht zu nehmen.
- Der Arbeitgeber hat für die Arbeitsgeräte und das Material sowie für die *Transportkosten* aufzukommen.

Nicht nur für industrielle oder gewerbliche Heimarbeiter, sondern für alle Angestellten, die zu Hause beschäftigt sind, gelten die folgenden Bestimmungen des Obligationenrechts: Alle haben den gleichen Ferienanspruch wie alle übrigen Arbeitnehmer (siehe Seite 67). Auch der Lohn bei Krankheit muss im gleichen Umfang gewährt werden (siehe Seite 82f.).

Tip: Der schweizerische Verband für Heimarbeit (SVH) bietet interessierten Heimarbeitern eine günstige *Kollektivversicherung für den Lohnausfall bei Krankheit* an. Adresse: SVH, Schwarztorstrasse 7,

3007 Bern. An der gleichen Adresse ist die Zentralstelle für Heimarbeit (SZH) zu erreichen, wo ausführliche Merkblätter über die rechtliche Lage von Heimarbeitern bezogen werden können.

10.

Meine Rechte als Frau

Geniesst die Frau im Arbeitsrecht eine Sonderbehandlung? Hat das weibliche Geschlecht laut Gesetz mehr oder weniger Rechte als ein Mann? Tatsache ist einmal, dass eine Frau vom Arbeitsgesetz her speziell behandelt wird. Sie darf gewisse schwere Arbeiten nicht erledigen, darf nicht zu allen möglichen Zeiten arbeiten und wird zudem als Schwangere besonders geschützt.

Wesentlicher als diese Rücksicht auf das »schwache« Geschlecht wäre sicherlich ihre Anerkennung als vollwertige Arbeitnehmerin. Ein wichtiger Schritt in dieser Richtung ist heute getan – mindestens auf rechtlicher Ebene: Die Hauptforderung der Frauen, gleichen Lohn für gleichwertige Arbeit zu erhalten, ist seit August 1981 in der schweizerischen Bundesverfassung enthalten. Doch wie sieht es in der Praxis aus?

Gleicher Lohn für gleiche Arbeit?

Vom Buchstaben zur Realität ist eben auch hier ein weiter Weg. Sechs Krankenschwestern, die aufgrund des Verfassungsartikels ihr Recht auf gleichen Lohn durchsetzen wollten, sind vor dem Zürcher Verwaltungsgericht erst einmal abgeblitzt. Die Herren Richter traten auf die Klage der Frauen gar nicht ein, da – so die formell-juristische Begründung – ein Gesetz fehle, das die »gleichwertige Arbeit« näher umschreibe. Die Krankenschwestern liessen aber nach diesem negativen Bescheid nicht locker und zogen die Sache ans Bundesgericht. Ihre Hartnäckigkeit machte sich bezahlt: Die höchsten Richter der Schweiz bezeichneten das Verhalten ihrer Zürcher Berufskollegen als »willkürlich« und beauftragten sie, die Klage inhaltlich zu behandeln (siehe auch die Ausführungen auf Seite 63).

Ebenfalls erst vor dem Bundesgericht hat eine Freiburger Lehrerin recht bekommen. Mit deutlichen Worten wandten sich die Richter in ihrem Entscheid gegen die Sparpraxis des Kantons Freiburg: Unabhängig von den finanziellen Schwierigkeiten eines Kantons stehe Lehrerinnen der Anspruch auf gleiche Besoldung zu. Aus den Prozessunterlagen hatten die höchsten Richter entnehmen können, dass die beschwerdeführende Lehrerin bei ihrer Anstellung in eine niedrigere Besoldungsklasse eingestuft worden war als ein Lehrer mit der gleichen Ausbildung. Diese prinzipielle Ungleichbehandlung verletze aber den Grundsatz der Rechtsgleichheit, schloss das Bundesgericht.

Nicht nur staatliche Angestellte können aufgrund des Verfassungsanspruchs auf gleichen Lohn notfalls den Gerichtsweg beschreiten. Allen Arbeitnehmerinnen – also auch jenen in privatrechtlichen Arbeitsverhältnissen – steht der Weg über die Gerichte (Bezirksgerichte, Arbeitsgerichte) offen. Einklagbar ist der gleiche Lohn auf höchstens 5 Jahre rückwirkend. Einen Erfolg buchen konnten die Frauen auch anfangs 1991 beim Appellationshof des Kantons Bern. Das Gericht hiess damals die Klage von 22 Buchbinderinnen gegen die Gewerkschaft Druck und Papier gut, die einen Gesamtarbeitsvertrag unterzeichnen wollte, welche unterschiedliche Mindestlöhne für Frauen und Männer vorsah. Das Gericht stellte fest, dass diese Mindestlohnklausel verfassungswidrig ist. Die Gewerkschaft musste nach diesem Entscheid über die Bücher und mit den Arbeitgebern über neue, für beide Geschlechter verbindliche Mindestlöhne verhandeln.

Damit ist klar: Der grundsätzliche Anspruch auf Lohngleichheit für Frauen ist unbestritten. Heute ist es Sache des Gerichts, zu bestimmen, was gleichwertige Arbeit bedeutet.

Schutz der Frauen nur auf dem Papier?

Das schweizerische Recht hat den Frauen im Arbeitsgesetz einige spezielle Artikel eingeräumt, die nicht zu ihrer Diskriminierung, sondern zu ihrem Schutz gereichen sollen. So ist das weibliche Geschlecht vor *schwerer Körperarbeit* und zu langen Arbeitszeiten gefeit.

Doch scheinen diese Grundsätze lediglich papierenen Wert zu haben. Denn frau soll sich nichts einbilden: Das Arbeitsgesetz enthält zwar einige schöne Sprüche, doch sind auf der anderen Seite wieder so viele Ausnahmen zugelassen, dass von einem effektiven Schutz nicht gesprochen werden kann. Art. 33 des Arbeitsgesetzes will es beispielsweise, dass »der Arbeitgeber auf die Gesundheit der weiblichen Arbeitnehmer gebührend Rücksicht nimmt und für die Wahrung der Sittlichkeit sorgt«.

Das Beste, was man von diesem Gesetzesartikel sagen kann: Er nützt niemandem, schadet aber auch niemandem. Denn auf die Gesundheit der Arbeitnehmerinnen muss der Arbeitgeber ebenso Rücksicht nehmen wie auf die Gesundheit des Arbeitnehmers. So heisst es im Arbeitsgesetz, der Arbeitgeber habe insbesondere die betrieblichen Einrichtungen und den Arbeitsablauf so zu gestalten, dass Unfälle, Krankheiten und Überbeanspruchungen nach Möglichkeit vermieden werden.

Weitere Vorschriften zum Schutz der Frau: Gemäss Arbeitsgesetz muss die *Tagesarbeit* aller Arbeitnehmerinnen *innert eines Zeitraums von 12 Stunden* liegen. Frauen dürfen auch nur ausnahmsweise zu Nacht- oder Sonntagsarbeit zugezogen werden. Nur bringt auch diese Regel im Alltag fast nichts: In jenen Betrieben, die auf Nacht- und Sonntagsarbeit angewiesen sind, findet diese Norm keine Anwendung. Gemeint sind vor allem Spitäler, Arztpraxen, Apotheken, Zeitungsredaktionen, Radio und Fernsehen, aber auch Betriebe des Gastgewerbes, Konservenfabriken und viele öffentliche Betriebe. Im weiteren muss jeder Betrieb bei der Festsetzung der Arbeits- und Ruhezeit von Frauen, die neben ihren beruflichen Tätigkeiten noch einen Haushalt mit Familienangehörigen versorgen, Rücksicht nehmen. Ihnen ist auf Verlangen hin eine *Mittagspause* von mindestens anderthalb Stunden zu gewähren. Sie dürfen auch nur mit ihrem Einverständnis zu Überstunden herangezogen oder in industriellen Betrieben mit Hilfsarbeit beauftragt werden.

10.3 Darf ich als Ehefrau den Lohn behalten?

Die Gleichberechtigung hat auch im Eherecht ihre Spuren hinterlassen. Seit der 1988 in Kraft getretenen Gesetzesrevision hat der Ehemann als Haupt der Familie ausgedient. Deshalb haben neu beide Ehepartner dieselben Rechte: Jede und jeder darf sein Erwerbseinkommen selbst verwalten und darüber auch eigenständig verfügen.

10.4 Bezahlter Schwangerschaftsurlaub?

Eine Schwangerschaft bringt für die werdende Mutter eine starke Belastung von Körper und Psyche mit sich. Dieser speziellen Situation trägt auch das Gesetz Rechnung. Es schützt die schwangere Frau in verschiedener Hinsicht.

So darf sie z.B. keine Überstunden mehr leisten und nur während des Tages beschäftigt werden. Ausserdem kann sie nicht zu Arbeiten herangezogen werden, die sich erfahrungsgemäss auf die Gesundheit und die Schwangerschaft nachteilig auswirken. Sie ist auch auf ihr Verlangen hin von Arbeiten zu befreien, die für sie beschwerlich sind.

Sobald das Kind zur Welt gekommen ist, darf die junge Mutter *während acht Wochen* überhaupt nicht arbeiten. Einzige Ausnahme: Diese Arbeitspause kann dann auf sechs Wochen verkürzt werden, wenn ein Arzt schriftlich bescheinigt, dass die Frau arbeitsfähig ist. Wenn eine Mutter ihr Kind nach den ersten acht Wochen immer noch stillt, muss sie auch weiterhin nicht arbeiten, denn während der Zeit des Stillens kann sie nur mit ihrem Einverständnis beschäftigt werden.

Bekommt eine Frau auch den Lohn, wenn sie nach der Geburt für zwei Monate nicht arbeiten kann? Nicht unbedingt. Das Gesetz hat zwar A wie Arbeitspause gesagt, will aber nichts von B wie Bezahlung wissen. Ob eine Arbeitnehmerin im Zeitraum nach der Geburt ihres Kindes ihren Lohn ganz oder teilweise weiterbeziehen kann, richtet sich nach den Skalen, die auch für die Lohnzahlung im Krankheitsfall gelten (siehe Seite 82f.). Was die finanzielle Situation angeht, lässt sich vereinfacht sagen: *Schwangerschaft und Geburt werden rechtlich wie eine Krankheit behandelt.*

Wie lange eine schwangere Frau den Lohn erhält, ist also abhängig von der Zeit, die ihr Arbeitsverhältnis bereits gedauert hat. Arbeitet sie erst kurze Zeit, z.B. ein knappes Jahr, an einer Stelle, so kann es vorkommen, dass nicht einmal die ganze vom Arbeitsgesetz vorgeschriebene »Zwangspause« durch Lohnzahlung gedeckt ist. Eine allgemeine Mutterschaftsversicherung, die den Verdienstausfall regelt, existiert bei uns noch nicht (siehe unten). Abhilfe kann vorläufig nur eine private Versicherung bringen, die allerdings auf Kosten der schwangeren Frau geht.

Bin ich als werdende Mutter gegen eine Kündigung geschützt?

Bis Ende 1988 war eine schwangere Arbeitnehmerin in den 8 Wochen vor und 8 Wochen nach der Niederkunft vor einer Kündigung geschützt. Das heisst: Fiel eine Kündigung des Arbeitgebers in diese Zeitperiode, war die Auflösung des Arbeitsvertrags schlicht ungültig. Nach neuem Recht läuft die Sperrfrist vom Beginn der Schwangerschaft bis und mit 16 Wochen nach der Niederkunft. Wer eine Kündigung in dieser Zeit erhält, kann das Schreiben ohne weiteres in den Papierkorb werfen. Die Kündigung ist rechtlich betrachtet wirkungslos.

Wird die Kündigung kurz vor der Schwangerschaft ausgesprochen und ist die vertragliche oder gesetzliche Kündigungsfrist bis zu diesem Termin jedoch noch nicht abgelaufen, verlängert sich die Kündigungsfrist um die Dauer der Sperrfrist, somit *um 9 Monate und 16 Wochen*. Zudem ist zu beachten, dass die Kündigungsfrist immer per Ende eines Monats ausläuft.

Beispiel:

Anita Wiesmann arbeitet seit über 4 Jahren als Verkäuferin in einem Warenhaus. Ende April erhält sie die Kündigung per Ende Juni unter Einhaltung der vertraglichen Kündigungsfrist von zwei Monaten. Mitte Juni wird sie schwanger. Gemäss dem gesetzlichen Kündigungsschutz verlängert sich das Arbeitsverhältnis nun um 55 Wochen (Schwangerschaft plus 16 Wochen) und läuft erst dann per Ende Monat aus. Sie kann also auch während der Schwangerschaft weiterarbeiten, bis sie arbeitsunfähig wird.

Welche Lohnansprüche hat sie für diese Zeit, wenn sie gesundheitshalber pausieren muss? Die Antwort richtet sich nach dem Arbeitsort. Gemäss Zürcher Skala hätte sie im 5. Dienstjahr Anspruch auf 6 Wochen Lohnfortzahlung, laut Berner Skala auf 2 und nach der Basler Skala auf 3 Monate Lohnfortzahlung (siehe Seite 82).

Kann ich zur Kündigung gezwungen werden?

Die Sperrfrist für Kündigungen gilt nur für den Arbeitgeber. Eine schwangere Frau kann also jederzeit kündigen. Eine Situation, die Arbeitgeber manchmal ausnützen wollen, sobald sie bemerken, dass ihre Kündigung verspätet wäre. Deshalb kommt es immer wieder vor, dass sie schwangeren Frauen raten, selbst zu kündigen. Klar ist jedoch: *Es kann niemand gezwungen werden, eine Stelle zu kündigen.*

Wie lange kann ich als Schwangere stempeln?

Aufgrund des neuen Kündigungsschutzes bei Schwangerschaft sollte es nicht mehr oft vorkommen, dass Frauen arbeitslos werden, während sie in Erwartung sind. Dies ist eigentlich nur noch dann denkbar, wenn eine Schwangere selbst ihre Stelle gekündigt hat oder wenn sie neu ins Erwerbsleben eintritt – beispielsweise nach abgeschlossenem Studium. Sicher ist es dann alles andere als leicht, eine Stelle zu finden, vor allem wenn die Rundungen unübersehbar sind. Trotzdem: Solange sie arbeitsfähig ist, hat eine schwangere Frau im Notfall Anspruch auf Arbeitslosenunterstützung (siehe auch Seite 174ff.).

Allerdings sind ihr auf dem Weg zum Arbeitslosentaggeld einige Fussangeln gelegt. Eine schwangere Frau kommt rascher zu ihrem Taggeld, wenn sie unmissverständlich erklärt, arbeiten zu wollen, und ihre Arbeitsfähigkeit mit einem entsprechenden Arztzeugnis belegen kann.

Wenn sie jedoch erklärt, lieber nicht arbeiten zu wollen, wird sie aufgrund der fehlenden Vermittlungsfähigkeit vom Taggeldbezug ausgeschlossen. Bei medizinisch begründeter und ärztlich bescheinigter reduzierter Arbeitsfähigkeit oder gar gänzlicher Arbeitsunfähigkeit ist sie jedoch weiterhin anspruchsberechtigt. Sie erhält aber lediglich während 30 Tagen das volle Taggeld. Anschliessend bekommt sie bei 50prozentiger Arbeitsfähigkeit das halbe und bei über 75prozentiger Arbeitsfähigkeit das ganze Taggeld.

Zudem muss sich eine Schwangere, die aufs Stempeln angewiesen ist, um neue Stellen bewerben, selbst wenn diese Übung wenig Sinn hat.

11.

Ich bin Ausländer

Ausländische Arbeitnehmer in der Schweiz geniessen nicht überall dieselben Rechte wie Schweizer Arbeiter. Ihr fremdenpolizeilicher Status schränkt sie auch im Arbeitsrecht ein. Insbesondere ist einem Teil von ihnen während einer bestimmten Zeit der freie Stellenwechsel nicht möglich. Darüber hinaus schwebt über ihren Köpfen immer noch das Damoklesschwert einer Nichterneuerung oder eines Widerrufs ihrer Bewilligung.

Was steckt hinter den verschiedenen Ausländerkategorien? Was bedeuten die Bewilligungen A, B, C? Wann bekommt ein Ausländer eine Aufenthaltsbewilligung? Wann die Niederlassung?

Kann ich als Saisonnier meine Stelle wechseln?

Vor einem Jahr ist Luigi Bonsanto das erste Mal in die Schweiz als Saisonnier eingereist. Er hat während neun Monaten auf dem Bau gearbeitet. Den Winter über ist er zu seiner Familie nach Italien zurückgekehrt. Bereits gegen Ende Januar hat sein Arbeitgeber ein erneutes Gesuch für eine Saisonnierbewilligung eingereicht, die definitive Bewilligung ist soeben ausgesprochen worden. Frohen Mutes kommt im Frühjahr Luigi Bonsanto wieder in die Schweiz. Bereits nach ein paar Wochen Arbeit gibt es für ihn jedoch eine böse Überraschung: Sein Arbeitgeber erklärt Konkurs. Luigi Bonsanto fürchtet, nunmehr nach Italien abgeschoben zu werden.

Doch so schlimm steht es auch wieder nicht: Zwar wird eine Saisonnier-Bewilligung (Bewilligung A) für eine neunmonatige Arbeit pro Jahr beim selben Arbeitgeber ausgestellt. *Der freie Stellenwechsel – sonst ein normales Recht des Arbeitnehmers – ist nicht gestattet.* Nur aus Gründen, für die – grob gesagt – den Saisonnier kein Verschulden trifft, wird ein Stellenwechsel bewilligt. Dies ist im Beispiel von Luigi Bonsanto der Fall: Ihn trifft am Konkurs des Arbeitgebers keine Schuld. Findet er im übrigen keine Stelle, so steht ihm auch das Recht zu, die Arbeitslosenversicherung in Anspruch zu nehmen und zu stempeln. Wenn einem Saisonnier aber die Arbeit nicht passt oder ihm die Arbeitsbedingungen unzumutbar scheinen, darf er seine Stelle nicht wechseln, er muss in sein Heimatland zurück.

Sind Saisonniers rechtlos?

Nicht nur beim Stellenwechsel ist der Saisonnier eingeschränkt: Er hat auch kein Recht, seine Familie nachzuziehen. Im übrigen zwingt ihn die kurze neunmonatige Beschäftigungsdauer vielfach auch, in einer mehr oder weniger provisorischen Unterkunft zu leben, denn eine Wohnung wird er sich ja nicht leisten können. Hier wird viel Schindluder mit Saisonniers getrieben: Hohe Mietzinse und schlechte Unterkünfte begleiten den Saisonnier auf Schritt und Tritt.

Nicht zuletzt sind auch die Löhne vieler Saisonniers schlecht. Wenn zwar – wie im Gastgewerbe – die Löhne gesamtarbeitsvertraglich festgelegt sind, so heisst das noch lange nicht, dass alles Rechtens ist: Die rechtlose Stellung vieler Saisonniers führt immer wieder dazu, dass Patrons Saisonniers zu übermässig langen Arbeitszeiten anhalten oder ungerechtfertigte Lohnabzüge vornehmen.

Wo gar kein Gesamtarbeitsvertrag vorhanden ist, werden Saisonniers oft auch unfreiwillig direkt als *Lohndrücker* eingesetzt. Ihre Löhne liegen dann weit unter dem üblichen Durchschnitt. Da hilft es kaum etwas, wenn der Arbeitgeber bei seinem Gesuch gegenüber der Fremdenpolizei den Durchschnittslohn eingesetzt hat.

Das Saisonnierstatut zeigt ungeschminkt die Rolle des Saisonniers: Ausländische Arbeiter werden je nach Bedarf in die Schweiz geholt. Hat man kein Bedürfnis mehr nach ihnen oder ist man nicht zufrieden, wird die Bewilligung nicht mehr erneuert. Der Saisonnier hat dann selbst zu schauen, wie er in seiner Heimat weiterleben kann. Nur allzuoft wird vergessen, dass Saisonarbeiter auch Menschen sind.

Bin ich als Aufenthalter den Schweizern gleichgestellt?

Wenn Luigi Bonsanto während vier Jahren insgesamt 36 Monate in der Schweiz als Saisonnier gearbeitet hat, kann er die Umwandlung der Saisonnierbewilligung in eine Aufenthaltsbewilligung (Bewilligung B) beantragen. Die Rechnung ist einfach gemacht: Er muss 36 Monate während vier Jahren, d.h. pro Jahr neun Monate, Arbeit in der Schweiz nachweisen. Zwar wird akzeptiert, dass auch eine Woche unter 36 Monaten zur Umwandlung noch genügt. Weniger geht jedoch nicht.

Aus diesem Grunde ist es sehr wichtig, dass bei Stellenantritt in der Schweiz die *sofortige Meldung* bei der kantonalen Fremdenpolizei und beim Arbeitsamt vorgenommen wird. Die Aufenthaltsbewilligung wird von den Kantonen vergeben. Pro Jahr können sie über eine Anzahl Bewilligungen verfügen, das sog. »Kontingent«.

Mit dem Ausländerausweis B hat sich für Luigi Bonsanto die Situation wesentlich verbessert: Zwar ist er im ersten Jahr noch immer beim freien Stellenwechsel eingeschränkt, dieser ist – gleich wie bei der Saisonnierbewilligung – nur dann möglich, wenn Bonsanto für seinen Stellenverlust kein Verschulden trifft. Nach einem Jahr steht ihm aber das Recht zu, *Arbeitgeber, Berufsgattung und gar Kanton zu wechseln*.

Nach fünfzehn Monaten Tätigkeit als Aufenthalter hat Luigi Bonsanto aber auch das Recht, *seine Familie nachzuziehen*. Nun können

Ehefrau und die noch nicht 20jährigen Kinder in die Schweiz einreisen.

Bonsanto hat nun jedes Jahr auch eine Steuererklärung auszufüllen, als Saisonnier sind ihm vorher die Steuern direkt vom Lohn abgezogen worden.

Aber aufgepasst: Die Aufenthaltsbewilligung gibt ihm noch keinen vollkommenen Schutz: Nach Ablauf eines Jahres muss sie ja erneuert werden. Der Antrag dazu wird normalerweise vom Arbeitgeber gestellt. Unter normalen Umständen stellt die Erneuerung für Luigi Bonsanto kein Problem dar. Anders ist es jedoch, wenn aus irgendwelchen Gründen sein weiterer Verbleib nicht mehr erwünscht wäre: Das kann so weit gehen, dass Bonsanto, falls er arbeitslos würde und keine weitere Beschäftigung fände, die Aufenthaltsbewilligung nicht mehr verlängert bekommt und aus der Schweiz ausreisen muss.

Warum ist die Niederlassung ein begehrtes Papier?

Nach fünf Jahren Aufenthaltsbewilligung kann Luigi Bonsanto Antrag stellen auf eine Niederlassungsbewilligung (Bewilligung C). Diese Frist gilt für Ausländer aus den Beneluxstaaten, aus Skandinavien und Island, Frankreich, Grossbritannien, Irland, Liechtenstein, Spanien und Portugal sowie Italien. Ausländer aus anderen Ländern, Asylbewerber, die in der Schweiz aufgrund ihres langen Aufenthaltes im nachhinein eine Aufenthaltsbewilligung B erhalten haben, bekommen in der Regel ebenfalls erst nach 10 Jahren ab Erteilung der Aufenthaltsbewilligung eine Niederlassungsbewilligung C. Die Jahre des Asylverfahrens werden somit nicht gezählt.

Hat einmal ein Ausländer die Niederlassungsbewilligung, so *ist er in sämtlichen Belangen einem Schweizer gleichgestellt*. Arbeitsrechtlich unterliegt er keinen Einschränkungen. Er kann wie sein Schweizer

Kollege seine Rechte (Lohn, Ferien, Arbeitszeit, Sozialversicherung etc.) in Anspruch nehmen und wenn nötig Schritte unternehmen, um sie durchzusetzen. Und wenn er arbeitslos wird, kann er stempeln. Er kann sogar Selbständigerwerbender werden. Lediglich in der Ausübung politischer Rechte ist er eingeschränkt.

Erhält ein »Bummelstudent« die Niederlassung?

Relativ grosszügig wird die Aufenthaltsbewilligung für Studierende erteilt. Diese unterstehen keinem Kontingent (ausser allfälligen Zulassungsbeschränkungen an der Universität natürlich). Doch kann ein Student fünf Jahre lang studieren, damit er die Niederlassungsbewilligung erhält? Das geht nicht. Die Niederlassungsbewilligung wird nämlich nur dann ausgestellt, wenn die vorgängige Aufenthaltsbewilligung mit einer Arbeitsbewilligung gekoppelt war. Studierende haben aber in der Regel nur eine Arbeitsbewilligung für die Semesterferien.

Deshalb funktioniert dieser Weg nicht, um zur Niederlassungsbewilligung zu kommen. Umgekehrt ist natürlich klar, dass jemand, der unbedingt in der Schweiz bleiben will, beispielsweise durch ein Studium seine Aufenthaltsbewilligung verlängern kann. Wie lange das aber möglich ist, hängt von den kantonalen Behörden ab.

Was kann ein ausländischer Arbeitnehmer tun?

Es ist offensichtlich, dass die fremdenpolizeilichen Vorschriften für die Ausländer in der Schweiz ein trübes Kapitel sind: Für viele Ausländer hängt die Zukunft von einem Stempel und einer Unterschrift eines ihm unbekannten Beamten ab. Dieser Beamte hat einen Ermessensspielraum, in dem er sich bewegen kann. Je nachdem kann mit einem Federstrich einem arbeitenden Ausländer in der Schweiz die Grundlage seiner Existenz entzogen werden. Das macht das

Ausländerrecht für viele zu einem unangenehmen Rechtsgebiet. Und wenn einmal eine Bewilligung widerrufen oder nicht mehr erneuert ist und der Ausländer zum Verlassen der Schweiz aufgefordert wird, ist der Zug meist abgefahren: Erfahrungsgemäss haben Beschwerden kaum grosse Chancen auf Erfolg.

Tip: Auch für Ausländer kann der *Beitritt zu einer Gewerkschaft* einen gewissen Schutz bedeuten. Bei skandalösen Arbeitsbedingungen steht ihm immer noch der Beizug des Gewerbeinspektorates (bei den kantonalen Arbeitsämtern angesiedelt) offen.

12.

Meine Rechte als Stift

Durch den Lehrvertrag verpflichtet sich der Lehrmeister, den Lehrling für einen bestimmten Beruf fachgemäss auszubilden, und der Lehrling verpflichtet sich, zu diesem Zweck Arbeit im Dienst des Lehrmeisters zu leisten. So steht es zumindest im Gesetz. Doch was unterscheidet einen Lehrvertrag von einem Arbeitsvertrag? Kann ein Lehrverhältnis überhaupt aufgelöst werden? Bier holen, Auto waschen: wie kann sich ein Stift gegen Arbeiten wehren, die mit dem eigentlichen Lehrvertrag nichts zu tun haben? Sitzt der Stift immer am kürzeren Hebel, oder was kann er tun?

An welche Voraussetzungen ist ein Lehrvertrag geknüpft?

Marco Rivera hat eben erst eine zweiwöchige Schnupperlehre bei einem Autospengler beendet. Bereits früher hatte er eine solche Schnupperlehre in einem chemischen Laboratorium absolviert. Bis jetzt wusste er einfach nicht, ob er Laborant oder Karosseriespengler werden soll. Die Arbeit in der Garage hat ihm zugesagt: Lauter rassige Sportwagen, das ist schon was anderes als die stille Laboratmosphäre. Der Garagist meint, Marco solle dann in einem Monat, zu Beginn des Lehrjahres, bei ihm vorbeikommen, er könne dann mit der Arbeit beginnen und man werde alles Nötige regeln. Zwar habe man bis jetzt noch nie einen Stift gehabt, aber das werde wohl gehen.

Aber so einfach ist das nicht: Im Unterschied zum Arbeitsvertrag ist der Lehrvertrag an gewisse Voraussetzungen geknüpft. Der Inhalt der Berufsausbildung selbst ist in einem *Ausbildungsreglement* gesamtschweizerisch vom BIGA (Bundesamt für Industrie, Gewerbe und Arbeit) vorgeschrieben. Aber auch gewisse Mindestanforderungen an den Lehrbetrieb, das Lehrprogramm und die Höchstzahl der Lehrlinge, die in einem Betrieb eingestellt werden dürfen, sind gesetzlich geregelt. Dazu kommt, dass noch lange nicht jeder Gewerbetreibende ohne weiteres Lehrlinge ausbilden kann: Der Ausbilder muss die für die Ausbildung nötigen beruflichen Fähigkeiten und persönlichen Eigenschaften besitzen sowie für eine fachgemässe Ausbildung Gewähr bieten.

Was steht in meinem Lehrvertrag?

Alle Rechte und Pflichten des Lehrmeisters wie auch des Lehrlings sind im »Lehrvertrag« und im Berufsbildungsgesetz (BBG) geregelt. Dieser Lehrvertrag muss vor Beginn der Lehre schriftlich ausgefertigt und spätestens nach Ablauf der Probezeit den zuständigen Behörden zur Genehmigung vorgelegt werden. Der Kanton bezeichnet das Amt, das für die Lehrlingsausbildung zuständig ist. Meistens heisst es »Amt für Berufsbildung« oder »Lehrlingsamt«, eventuell auch »Gewerbeinspektorat«. Den Lehrvertrag schliessen Lehrmeister, die Eltern und der Lehrling ab. Im Vertrag sind geregelt:

- die Art und die Dauer der Ausbildung,
- die Höhe des Lohnes,
- die Dauer der Probezeit,
- die Arbeitszeit und die Ferienansprüche.

Weitere Regelungen können beispielsweise für Versicherungen, für Verpflegung etc. vorgenommen werden. Im übrigen ist ein Lehrling selbstverständlich dem Unfallversicherungsgesetz unterstellt.

Zwischen Marco Rivera und seinem Lehrmeister muss somit ein

eigentlicher Vertrag vor Beginn der Lehre abgeschlossen werden. Viele der vertraglichen Bestimmungen sind ähnlich wie in einem normalen Arbeitsvertrag ausformuliert. Der Vertrag muss jedoch den ganz speziellen Bedingungen, die eine Ausbildung mit sich bringt, Rechnung tragen:

- Der Lehrling hat ein Recht auf geregelte *Arbeitszeit*, auf Ruhepausen während der Arbeitszeit sowie auf fünf Wochen Ferien (wenn er nicht mehr als zwanzigjährig ist).
- Im Lehrvertrag muss der *Lohn* geregelt werden. Dieser erhöht sich mit jedem weiteren Lehrjahr. Der Lehrlingslohn ist teilweise durch die Gesamtarbeitsverträge festgelegt. Weit häufiger ist jedoch der Fall, dass überhaupt keine Abmachungen bestehen und der Lohn zwischen dem Lehrling und dessen Eltern sowie dem Arbeitgeber frei ausgehandelt wird. Der Lehrling sollte sich deshalb vor Abschluss des Lehrvertrages über die üblichen Ansätze erkundigen.
- Auf das Ende der Lehrzeit hat der Lehrling Anspruch auf ein *Arbeitszeugnis*. Dieses hat über Art und Dauer des Lehrverhältnisses und auf Verlangen des Lehrlings hin auch über seine Fähigkeiten, Leistungen und über sein Verhalten Auskunft zu geben.
- Falls der Lehrling regelmässig an sechs Wochentagen arbeitet, so hat er Anspruch auf einen *freien Halbtag*. An Sonn- und Feiertagen darf grundsätzlich nicht gearbeitet werden. Stimmen jedoch die kantonalen Behörden einer Arbeit an diesen Tagen zu, so kann diese Arbeitszeit kompensiert werden.
- Neben der eigentlichen Lehre, also der Ausbildung im Betrieb, ist der Stift zum *Besuch der Berufsschule* verpflichtet. Diese Schule vermittelt den obligatorischen und von Bundes wegen theoretischen Lehrinhalt. Regelmässig werden Schulzeugnisse über die Fähigkeiten des Lehrlings Auskunft geben.

Am Ende der Lehre folgt die *Lehrabschlussprüfung*. Der Lehrmeister meldet den Stift an und muss ihm die für die Prüfung notwendigen Unterlagen und Materialien gratis zur Verfügung stellen. Besteht der

Lehrling die Lehrabschlussprüfung nicht, so kann er ein zweites und drittes Mal antreten. Gegen die Prüfungsergebnisse kann im übrigen mit 30tägiger Frist Beschwerde bei den zuständigen kantonalen Behörden erhoben werden.

Muss ich Bier holen und das Auto waschen?

Schon während der Schnupperlehre hat Marco Rivera jeweils morgens das Znüni holen müssen. Am Freitag hat er das Auto des Garagisten innen und aussen geputzt, ebenso dasjenige der Garagistenfrau. Schliesslich ist er dann noch während der Woche einen Tag lang mit dem Garagisten herumgefahren, um Baumaterialien für dessen Wochenendhäuschen einzukaufen. Aber muss Marco damit rechnen, auch während der Lehrzeit Ähnliches tun zu müssen?

Ein Lehrling ist kein Handlanger oder Hilfsarbeiter. Als erstes und Wichtigstes gibt der Lehrvertrag dem Lehrling das *Anrecht auf eine fachgerechte Ausbildung*. Der Stift hat das Recht auf einen kompetenten Berufsausbildner und Meister, und er kann – sollte sich dies aufdrängen – bei der zuständigen kantonalen Behörde um Intervention ersuchen, wenn das Erreichen des Ausbildungsziels gefährdet ist. Der Ausbildner muss die beruflichen und die charakterlichen Eigenschaften haben, einen Lehrling auszubilden.

Zwar wird es wohl immer wieder vorkommen, dass einzelne kleinere Arbeiten oder Dienste verlangt werden, die nichts mit dem Lehrvertrag zu tun haben. Doch muss ein Lehrling es sich nicht gefallen lassen, dass ihm das Putzen der Toilette, Bierholen, Schräubchen sortieren und ähnliches zugewiesen wird mit der Begründung, die eigentliche Ausbildung komme schon noch.

Tip: Als erster Schritt zur Lösung eines solchen Konflikts empfiehlt sich eine Aussprache mit dem Lehrmeister. Wenn sie nichts fruchtet, ist der Weg zum Lehrlingsamt angezeigt.

Kann mein Lehrvertrag aufgelöst werden?

Eben erst hat Rita Bühler ihre Lehre bei einer Schneiderin begonnen. Aber bereits nach kurzer Zeit merkt sie, dass ihre Vorstellungen von der Arbeit anders waren als das, was sie nun erwartet. Schon bereut sie, nicht doch die Lehre als Laborantin angetreten zu haben. Kann ihr Lehrvertrag aufgelöst werden?

Grundsätzlich steht auch einem Lehrling das Recht auf Auflösung des Vertrages zu. Besonders einfach ist dies, wenn der Lehrling noch in der Probezeit steht, also – je nach Lehrvertrag – bereits im ersten oder maximal bis zum dritten Monat nach Antritt der Lehre sich anders besinnt. Mit siebentägiger Kündigungsfrist kann so der Lehrvertrag aufgelöst werden.

Aber auch nach Ablauf der Probezeit kann ein Lehrverhältnis aufgelöst werden. Wichtig ist jedoch, dass bei dieser Auflösung stets auch die kantonale Behörde angerufen werden muss. Im allgemeinen wird bei einer derartigen Auflösung erst ein Gespräch zwischen Behördenvertreter, Lehrmeister und Lehrling, eventuell auch dessen Eltern, vorausgehen. Erst wenn dieses Gespräch ergebnislos verlaufen ist, gibt die kantonale Behörde Zustimmung zur Auflösung.

Zur Auflösung des Lehrverhältnisses nennt das Gesetz selbst verschiedene Gründe:

- Dem Lehrling fehlen die erforderlichen beruflichen Fähigkeiten oder persönlichen Eigenschaften zur Ausbildung;
- der Lehrling verfügt nicht über die körperlichen oder geistigen Anlagen;
- er ist gesundheitlich oder sittlich gefährdet;
- wenn die Ausbildung nicht oder nur unter anderen Voraussetzungen beendet werden könnte.

Wenn also ein Lehrling vorübergehend die Nase voll hat, würde dies voraussichtlich nicht reichen für eine Auflösung des Lehrverhältnisses. Wenn ihm die Lehre jedoch dermassen verleidet ist, dass er sich überhaupt nicht mehr einzusetzen vermag, so wäre dies ein Auflösungsgrund, denn eine erfolgreiche Beendigung des Lehrverhältnisses wäre nicht mehr gewährleistet.

Tips: Bereits vor der Lehre empfiehlt sich eine *Schnupperlehre*. Auch dürfte es sich lohnen abzuklären, ob allenfalls die Lehre im Rahmen der sog. »Berufsmittelschule« absolviert werden kann: Hier erfolgt ein wenig mehr theoretische Ausbildung.

Kenntnisse über Rechte und Pflichten im Lehrverhältnis sind von Nutzen: Es empfiehlt sich, das *Ausbildungsreglement* zu beschaffen und zu studieren. Mit Lehrlingsproblemen beschäftigen sich die gewerkschaftlichen Jugendgruppen: Der Schweizerische Gewerkschaftsbund (SGB) hat eine gute Broschüre mit dem Titel *»Lehrling, Deine Rechte«* herausgegeben.

13.

Wie ist meine Persönlichkeit geschützt?

Das Arbeitsverhältnis verlangt vom Arbeitnehmer eine klare Unterordnung unter den Willen seines Arbeitgebers. Er darf die berechtigten Interessen des Arbeitgebers nicht schädigen. Wenn er den Arbeitsvertrag nicht verletzen will, muss er den Anweisungen seines Chefs Folge leisten. Dadurch wird die Persönlichkeit des Arbeitnehmers zwangsläufig eingeschränkt.

Der Arbeitgeber seinerseits will wissen, mit wem er es zu tun hat, wenn er einen Arbeitnehmer einstellt. Er will möglichst viel über seinen Angestellten in Erfahrung bringen. Damit wird eine Reihe von Problemen aufgeworfen: Wie weit darf der Arbeitgeber in die Persönlichkeit des Arbeitnehmers eindringen, ohne sie zu verletzen? Was passiert mit Informationen, die der Arbeitgeber im Laufe eines Arbeitsverhältnisses über seinen Angestellten erhält? Was für Rechte hat der Arbeitnehmer, und wie kann er sich gegenüber ungerechtfertigten Eingriffen zur Wehr setzen?

Grundsätze nur auf dem Papier?

Was als unzulässige Beeinträchtigung der Persönlichkeit des Arbeitnehmers zu betrachten ist, steht im Gesetz nur in allgemeiner Form:

- Der Arbeitgeber hat generell die Persönlichkeit des Arbeitnehmers zu schützen und zu achten.
- Er muss vor allem auf dessen Gesundheit Rücksicht nehmen und für die Wahrung der Sittlichkeit sorgen.

- Er ist verpflichtet, die wirtschaftlich zumutbaren und technisch möglichen Schutzmassnahmen im Betrieb anzubringen.
- Er muss auf das weitere Fortkommen des Arbeitnehmers Rücksicht nehmen. Er darf es nicht unnötig erschweren.

Diese Grundsätze sind schön und gut. In der Praxis stellt man jedoch immer wieder fest, dass sie wenig gelten. Viele Arbeitgeber halten sich kaum daran, und Arbeitnehmer berufen sich eher selten darauf, sondern nehmen Demütigungen und Beeinträchtigungen ihrer Persönlichkeit einfach hin. Die Gerichte werden deshalb mit solchen Fragen kaum je konfrontiert, und die sehr allgemein gehaltenen Grundsätze sind auch nicht konkretisiert worden.

Die Folge: *In diesem Bereich herrscht eine grosse Rechtsunsicherheit,* und es ist schwierig, Verbindliches zu sagen. Die Gerichte sind daher auch sehr zurückhaltend mit der Feststellung von Persönlichkeitsverletzungen.

Wie weit ist meine Gesundheit geschützt?

Am ehesten noch hat sich eine Praxis entwickelt zur Pflicht des Arbeitgebers, die Gesundheit des Arbeitnehmers zu schützen. Eine Reihe von derartigen Schutzbestimmungen sind ins Arbeitsgesetz und die entsprechenden Verordnungen aufgenommen worden. Es gibt Bestimmungen über die erforderlichen Schutzvorrichtungen an Maschinen und Geräten, Vorschriften über die einwandfreie Beschaffenheit der Arbeitsräume und der notwendigen Nebenräume, ferner Bestimmungen zur Verhütung von Unfällen und Berufskrankheiten. Einzelheiten können bei den kantonalen Arbeitsämtern oder bei der SUVA erfragt werden.

Wegen der ständig fortschreitenden Technisierung ist es äusserst schwierig, einen Überblick zu behalten, was in einer bestimmten Branche zum Schutz der Gesundheit der Angestellten unternommen werden muss. Das Gesetz schreibt nur vor, dass jene Massnahmen ergriffen werden müssen, die nach dem Stand der Technik möglich und für den Betrieb wirtschaftlich tragbar sind.

Bei jedem Unfall stellt sich dann die Frage, ob der Arbeitgeber dieser gesetzlichen Vorschrift Genüge getan hat. Dabei genügt es jedoch nicht, wenn die neuesten Schutzvorrichtungen zwar angebracht worden sind, der Arbeitgeber es aber unterlassen hat, sachgemässe Instruktionen zu erteilen. Wichtig ist ausserdem, dass der Arbeitgeber auch kontrolliert, ob die Schutzmassnahmen befolgt werden.

Wie kann ich mich gegen Belästigungen wehren?

Immer wieder kommt es vor, dass sich Vorgesetzte am Arbeitsplatz in unzulässiger Weise ihren Untergebenen nähern. Wo Abhängigkeitsverhältnisse bestehen, ist auch die Gefahr enthalten, dass sie missbraucht werden, z.B. auch in sexueller Hinsicht. Wer von einem Angestellten etwas verlangt, das er aus freien Stücken nicht gegeben hätte, verletzt dessen Persönlichkeit und macht sich unter Umständen sogar strafbar.

Auf diesem Gebiet besteht im Einzelfall jedoch grosse Unsicherheit. Wann beginnt der Zwang? Ist im konkreten Fall die Annäherung tatsächlich gegen den Willen des Untergebenen erfolgt? Abgesehen von diesen immer wieder auftauchenden Abgrenzungsfragen steht fest, dass ein Vorgesetzter mit Annäherungsversuchen unverzüglich aufzuhören hat, wenn der oder die Betroffene das unmissverständlich wünscht. Ein Arbeitgeber, der sich darüber hinwegsetzt, missachtet die körperliche Integrität des anderen und verletzt damit dessen Persönlichkeit. Die Arbeitnehmerin/der Arbeitnehmer muss sich also Annäherungsversuche von seiten des Chefs nicht gefallen lassen.

Strafbar wird es, wenn es zu körperlichen Kontakten oder gar sexuellen Handlungen zwischen dem Meister und dem Lehrling kommt. Selbst wenn von keinerlei Zwang die Rede sein kann und die Beziehung auf gegenseitigem Einverständnis beruht, *macht sich der Lehrmeister strafbar,* solange der Lehrling unmündig ist. Wenn der Beischlaf vollzogen wird, blüht dem Chef nach dem Strafgesetzbuch eine Zuchthausstrafe bis zu fünf Jahren. Den Richter wird es kaum interessieren, dass zwischen den beiden die reinste Liebe im Spiel war.

Der Persönlichkeitsschutz bei der Bewerbung

»Wir müssen einen Menschen besser erkennen, als er sich selbst kennt. Jedes Detail seines Lebens ist wichtig, um in Erfahrung zu bringen, ob er sich an seiner neuen Stelle bewähren wird. Achtung vor der Intimsphäre ist eine schöne Sache, aber es geht zu weit, wenn sie die wissenschaftliche Bewertung eines Menschen behindert. Schliesslich bezahlt ein Arbeitgeber eine Menge Geld für die Fähigkeiten eines Angestellten, und er hat das Recht, die Ware, die er bezahlt, genau zu kennen.«

Darf der Arbeitgeber tatsächlich so weit gehen, wie der Personalchef eines grösseren Betriebes meint, der mit elektronisch verarbeiteten Interviews, Fragebogen und psychologischen Tests die Bewerber unter die Lupe nimmt und auch während der Anstellung laufend Qualifikationen vornimmt?

Arbeitgeber und Arbeitnehmer sind grundsätzlich völlig frei, von welchen Motiven sie einen Vertragsabschluss abhängig machen wollen. Dies ist ein Ausfluss aus der Vertragsfreiheit und dem Persönlichkeitsrecht. Diese beiden Freiheiten werden aber im Einzelfall eingeschränkt: Auf der einen Seite gibt es ein Minimum an Informationen, das der Vertragspartner von sich aus offenbaren muss. Andererseits gibt es ein Maximum, das durch das Persönlichkeitsrecht des Bewerbers begrenzt wird. Im Einzelfall müssen das Informationsinteresse des Arbeitgebers und das Schutzinteresse des Bewerbers gegeneinander aufgewogen werden.

Gibt es unerlaubte Fragen des Arbeitgebers?

Grundsätzlich muss der Bewerber den Arbeitgeber nur über sogenannte »verkehrswesentliche« Eigenschaften und Fähigkeiten von sich aus aufklären. Das heisst, der erfragte Sachverhalt muss in einem unmittelbaren Zusammenhang mit dem Arbeitsplatz und der zu leistenden Arbeit stehen. In keinem Zusammenhang zum Arbeitsverhältnis stehen in der Regel Fragen z.B. nach religiöser und weltanschaulicher Gesinnung, nach Zugehörigkeit zu politischen und gewerkschaftlichen Organisationen, nach bevorstehender Heirat, gegenwärtigen Unterhaltspflichten, Schwangerschaft und dergleichen.

Solche Fragen können jedoch für bestimmte Arbeitsverhältnisse durchaus relevant sein. Einer kirchlichen Organisation etwa kann wohl nicht verwehrt werden, wenn sie die Frage nach der religiösen Zugehörigkeit stellt. Denn sie will in erster Linie einem Angehörigen der gleichen Religionsgemeinschaft den Vorzug geben. Ähnlich verhält es sich mit der Frage nach der politischen Zugehörigkeit, wenn es um ein politisches Amt oder die Redaktionsstelle einer Zeitung geht.

Der Bewerber hat also nur Fragen des Arbeitgebers, welche sich auf die Anstellung und seine spezifische Eignung dafür beziehen, zu beantworten, dies aber vollständig.

Sicher nicht dazu gehören Fragen, die den Intimbereich des Bewerbers betreffen. Sie stellen stets eine rechtswidrige Verletzung der Persönlichkeit dar. Was zur Intimsphäre gehört, hängt unter Umständen vom Ziel der Vertragsverhandlungen ab. Sicher gehören Fragen der sexuellen Präferenz zum absolut geschützten Bereich des Bewerbers. Dazu gehören auch Fragen nach Vorstrafen, die im Zentralstrafregister schon gelöscht sind, sowie Fragen nach länger zurückliegenden Suchtkrankheiten.

Diese Ausführungen zeigen, dass der Arbeitgeber in einzelnen Bereichen Fragen stellen darf und dass es Bereiche gibt, in die der Arbeitgeber auch mit Fragen nicht eindringen darf. Die Grenzen sind im Einzelfall aber schwierig zu ziehen, und im Zweifelsfall muss ein Abwägen der Interessen stattfinden. Dieses muss zeigen, ob das Interesse des Arbeitgebers an der Freigabe der Information wichtiger ist als das Interesse des Arbeitnehmers an der Geheimhaltung. Bei der Interessenabwägung spielen folgende Faktoren eine Rolle:

- Tätigkeit des Arbeitnehmers (Funktion im Betrieb),
- Dauer des Arbeitsverhältnisses (befristeter oder unbefristeter Vertrag),
- besonderes finanzielles Risiko des Arbeitgebers (Haftung für Arbeitnehmer),
- Arbeitsablauf beim Arbeitgeber,
- gesetzliche Vorschriften (z.B. Beschäftigungsverbote für bestimmte Personen).

Notwehrrecht der Lüge?

Wenn dem Bewerber eine widerrechtliche Frage gestellt wird, so kann er sie wahrheitsgemäss beantworten, die Antwort verweigern oder eben: lügen. Die Verweigerung der Antwort ist wohl kaum zu empfehlen, da ja der Arbeitgeber eine Antwort wünscht und aus der Nichtbeantwortung auch seine Schlüsse ziehen kann.

Deshalb stellt sich in der Regel nur die Frage: Soll ich die richtige Antwort geben – oder lügen? Wenn ich die richtige Antwort gebe, muss ich befürchten, dass mich der Arbeitgeber gar nicht einstellt. Darf ich also lügen, wenn mir eine unzulässige Frage gestellt wird? Die deutsche Rechtsprechung hat sich mit dieser Frage ausführlich beschäftigt. Für das Bundesarbeitsgericht in Deutschland stellt eine unwahre Beantwortung einer unzulässigen Frage keine arglistige Täuschung dar: Der Bewerber hat also ein »Recht auf Lüge«. In der Schweiz haben sich die Gerichte mit dieser Frage noch nicht befassen müssen. Arbeitsrechtler sind sich indessen weitgehend einig: Wie in Deutschland wird ein solches Recht auch bei uns anerkannt.

Muss ich meine HIV-Infektion bekanntgeben?

Die Frage ist brisant und wird in Zukunft aufgrund der Prognosen über die Verbreitung des HIV-Virus noch zusätzliche Brisanz erhalten. Deshalb ist sehr verdienstvoll, dass sich nun auch die juristische Literatur mit diesem Thema zu beschäftigen beginnt. Besonders bedeutsam ist eine kürzlich publizierte arbeitsrechtliche Dissertation von Ronald Pedergnana mit dem Titel »HIV-Infektion und AIDS«. Der Verfasser kommt zu bemerkenswerten Feststellungen, die wir kurz zusammenfassen wollen:

Der Verfasser unterscheidet zwischen der HIV-Infektion und dem Ausbruch der Krankheit AIDS. Die beiden Stadien der Krankheit müssen unterschiedlich behandelt werden.

Der Arbeitsrechtler Pedergnana kommt mit überzeugender Argumentation zur Auffassung, dass der Arbeitgeber Fragen nach dem HIV-Status des Bewerbers zu unterlassen hat, wenn keine spezielle arbeitsspezifische Interessenlage vorliegt. Verstösst er gegen die auch während der Vertragsverhandlungen gebotene Rücksichtnahme, so ist der Arbeitnehmer befugt, diesen Angriff auf seine Persönlichkeit mit einer Lüge abzuwehren. Denn sie ist das einzige verhältnismässige und effektive Mittel der Abwehr.

Was ist nun unter einer »speziellen arbeitsspezifischen Interessenlage« zu verstehen? Genügt es, wenn der Arbeitgeber darauf hinweist, dass er unter Umständen finanziell zu Schaden kommen könnte? Die Frage wird verneint: Das übliche finanzielle Interesse des Arbeitgebers gehört nach Ansicht des Verfassers nicht zu dieser speziellen arbeitsspezifischen Interessenlage. Er muss vielmehr geltend machen können, dass er beispielsweise

- erhebliche Ausbildungskosten oder
- einen längeren Arbeitseinsatz im Ausland plant oder
- ein grösseres Übertragungsrisiko bei der Arbeit oder generell
- die Gefährdung fremden Lebens befürchtet.

In diesen Fällen müssen die Interessen von Arbeitgeber und Bewerber einander gegenübergestellt werden. Wenn der Arbeitgeber wegen der hohen Ausbildungskosten oder dem Arbeitseinsatz im Ausland ein Arbeitsverhältnis auf längere Dauer plant und auch einen entsprechenden Arbeitsvertrag abschliessen möchte, muss der Bewerber darauf hinweisen, dass er in Zukunft mit einer schweren Erkrankung rechnen muss.

Fraglich ist indessen, ob ein solches überwiegendes Interesse auch dann vorliegt, wenn der Arbeitgeber ganz allgemein behauptet, er müsse es deshalb wissen, weil fremdes Leben gefährdet sei oder weil mit der Arbeit ein grösseres Übertragungsrisiko verbunden sei.

In diesen Fällen ist das Interesse des Arbeitgebers aber nur dann ausgewiesen, wenn das besondere Übertragungsrisiko sachlich begründet ist (zum Beispiel bei der Anstellung eines Arztes oder einer Krankenschwester, nicht aber bei Coiffeuren, Küchenpersonal, Handwerkern usw.) oder wenn das Übertragungsrisiko nicht nur bei den Bewerbern, sondern bei allen Arbeitnehmern des betreffenden Betriebs durch regelmässige Kontrollen ausgeschlossen wird.

Beispiel:

Wenn ein Spital von der Krankenschwester Elisabeth Schöller, die sich um eine Anstellung bewirbt, lediglich wissen will, ob sie HIV-positiv ist, und sich für andere ansteckende Krankheiten nicht interessiert – also willkürlich nur einen Unsicherheitsfaktor herausgreift –, ist das Sicherheitskonzept des Spitals nicht sehr überzeugend. Wenn umgekehrt beim bereits angestellten Pflegepersonal nie nach ansteckenden Krankheiten gefragt worden ist, geht es dem Spital ganz offensichtlich nicht darum, ansteckende Krankheiten vom Spital fernzuhalten. In diesem Fall ist die Frage nach einer allfälligen HIV-Infektion unzulässig.

13.8 Deutsche Praxis auch für die Schweiz?

Das deutsche Bundesarbeitsgericht beschränkt das Fragerecht des Arbeitgebers auf folgende Punkte:

- Liegt eine Krankheit bzw. eine Beeinträchtigung des Gesundheitszustandes vor, durch die die Eignung für die vorgesehene Tätigkeit auf Dauer oder in periodisch wiederkehrenden Abständen eingeschränkt ist?
- Liegen ansteckende Krankheiten vor, die zwar nicht die Leistungsfähigkeit beeinträchtigen, jedoch die zukünftigen Kollegen oder Kunden gefährden?
- Ist zum Zeitpunkt des Dienstantritts bzw. in absehbarer Zeit mit einer Arbeitsunfähigkeit zu rechnen, z.B. durch eine geplante Operation, eine bewilligte Kur oder auch durch eine zur Zeit bestehende akute Erkrankung?

Wir sind der Auffassung, dass diese Kriterien auch in der Schweiz zur Anwendung gelangen könnten.

Der HIV-positive Bewerber ohne Krankheitssymptome kann diese Fragen in der Regel verneinen. Für den AIDS-Kranken ist die Situation je nach Stadium der Krankheit grundlegend anders. Ist der Bewerber bereits erkrankt und ist er dadurch nur beschränkt arbeitsfähig bzw. muss innerhalb des nächsten Jahres mit längeren oder wiederholten Absenzen gerechnet werden, muss er obige Fragen mit Ja beantworten. In diesem Fall muss er den Arbeitgeber darüber aufklären, dass er an einer schweren Krankheit leidet. Er muss ihm allerdings nicht sagen, um welche Krankheit es sich handelt. Am besten ist, wenn er in einem solchen Fall ein Arztzeugnis vorlegt, das über seine Einsatzfähigkeit Auskunft gibt.

Wann muss ich eine Schriftprobe abliefern?

Oft genügt dem Arbeitgeber das Einstellungsgespräch nicht. Er will mehr wissen über den Bewerber. In solchen Fällen wird vorzugsweise auf frühere Arbeitgeber, Schriftgutachten oder Amtsstellen zurückgegriffen, meist ohne Benachrichtigung und Einwilligung des Bewerbers. Auf diese Weise gelangt der interessierte Arbeitgeber zu Informationen, die dem Arbeitnehmer unter Umständen gar nicht bekannt sind.

Problematisch wird dies dann, wenn falsche, unvollständige oder einseitige Informationen über den ahnungslosen Mann die Runde machen. Er kann sich nämlich nicht zur Wehr setzen. Deshalb muss der Arbeitgeber den Bewerber benachrichtigen, dass er weitere Informationen einholen will.

Das gilt vor allem für die Erstellung von Schriftgutachten. *Ohne ausdrückliche Einwilligung des Bewerbers* darf ein solches nicht erstellt werden. Ein Arbeitgeber, der sich nicht an diesen Grundsatz hält, verletzt die Persönlichkeitsrechte des Bewerbers.

Es gibt namhafte Juristen, die den Standpunkt vertreten, dass der ehemalige Arbeitgeber alles sagen dürfe, wenn er sich an die Wahrheit halte. Ein Einverständnis des Arbeitnehmers sei nicht nötig.

Der Persönlichkeitsschutz ist jedoch in den letzten Jahren auch im Arbeitsrecht erheblich verfeinert worden. Längst werden Eingriffe in die Persönlichkeit des wirtschaftlich schwächeren Teils der Arbeitswelt nicht mehr einfach toleriert, nur weil der Stärkere ein wirtschaftliches Interesse geltend machen kann.

Die Stimmen, welche die Auffassung vertreten, dass ohne Einwilligung des Arbeitnehmers keine zusätzlichen negativen Auskünfte gegeben werden dürfen, mehren sich. Sie stellen sich auf den Standpunkt, dass ein Arbeitnehmer sogar nach Gesetz auf ein ausführliches Arbeitszeugnis verzichten und statt dessen eine blosse Arbeitsbestätigung verlangen kann, wenn das Zeugnis für ihn ungünstig ausfallen würde. Diese Bestimmung hätte keinen Sinn, wenn der Arbeitgeber das, was er nicht ins Zeugnis schreiben durfte, mündlich jedermann weitergeben darf.

Bis heute ist indes noch kein Gerichtsurteil ergangen, das diese Streitfrage geklärt hat.

Wie steht es mit den gewerkschaftlichen Rechten?

Das Gesetz kennt keine ausdrückliche Bestimmung, welche die gewerkschaftlichen Rechte klar und eindeutig regelt. Im Einzelfall muss die Frage, ob dem Arbeitnehmer das in Anspruch genommene Recht zusteht oder nicht, vor allem unter dem Aspekt des Persönlichkeitsschutzes geprüft werden. In diesem Bereich bestehen indessen grosse Unsicherheiten.

Fest steht, dass jeder Arbeitnehmer ein Recht hat, sich der Gewerkschaft seiner Wahl anzuschliessen. Die Freiheit, einer Koalition beizutreten, gehört zum Persönlichkeitsrecht. Alle Abmachungen, welche diese Freiheit einschränken oder behindern, sind ungültig. Das heisst, ein Arbeitgeber, der sich beispielsweise vom Bewerber bestätigen lässt, dass er keiner Gewerkschaft angehört bzw. auch in Zukunft keiner Gewerkschaft beitreten wird, handelt rechtswidrig. Solche Erklärungen haben deshalb keine Bedeutung. Unwirksam wäre auch eine Kündigung des Arbeitsverhältnisses wegen Gewerkschaftszugehörigkeit. Wird eine Kündigung aufgrund der Zugehörigkeit zu einer Gewerkschaft ausgesprochen, ist sie missbräuchlich. Der Arbeitgeber ist zur Zahlung einer Entschädigung verpflichtet (siehe Seite 160).

Unzulässig ist auch die Erstellung von schwarzen Listen, wo Gewerkschaftsmitglieder aufgeführt sind, welche von Arbeitgebern nicht eingestellt werden sollen. Wer mit solchen Listen operiert, muss unter Umständen mit saftigen Schadenersatzansprüchen des betroffenen Arbeitnehmers rechnen. Denn auf diese Weise könnte dessen wirtschaftliche Existenz in erheblicher Weise beeinträchtigt werden.

Die Freiheit, einer beliebigen Gewerkschaft anzugehören, geht jedoch nicht so weit, dass eine Nichteinstellung wegen Gewerkschaftszugehörigkeit bekämpft werden könnte. Denn der Arbeitgeber ist bei der Einstellung völlig frei – er braucht nicht zu begründen, weshalb er den Bewerber nicht berücksichtigt hat. Aus diesem Grund bleibt dem Arbeitnehmer, der befürchtet, dass er wegen seiner Gewerkschaftszugehörigkeit nicht eingestellt werden könnte, nur die Wahl, dieses Thema bei der Bewerbung gar nicht erst anzuschneiden. Falls er vom Arbeitgeber trotzdem auf diesen Punkt angesprochen werden sollte, hat er das Recht, darauf nicht zu reagieren oder sogar eine falsche Antwort zu geben.

Was darf der Arbeitnehmer am Arbeitsplatz zur Wahrung seiner Interessen alles unternehmen? Darf er Flugblätter verteilen? Darf gestreikt werden? Wie steht es mit dem Schutz der gewerkschaftlichen Vertrauensleute?

Die neuen Gesetzesbestimmungen zum Kündigungsrecht bringen hier eine kleine Verbesserung. Zwar kann gekündigt werden, doch hat der Arbeitgeber bei einer missbräuchlichen Kündigung eine Entschädigung zu entrichten. Erfolgt eine Kündigung, weil gewerkschaftliche Aktivitäten ausgeübt werden, ist die Kündigung missbräuchlich (siehe Seite 158ff.).

Darf gestreikt werden?

Wie steht es mit dem Streik? Gibt es in der Schweiz ein Recht, unter bestimmten Umständen die Arbeit niederzulegen? Diese Frage ist in der Praxis höchst umstritten, obwohl die meisten massgebenden Rechtsgelehrten, gleich welcher politischer Herkunft, ein solches Recht anerkennen.

Zur Klärung dieser für den Arbeitnehmer sehr unangenehmen Situation hat das Zürcher Obergericht im Herbst 1983 einen mutigen Schritt getan: In einem Grundsatzentscheid hat das Gericht ein verfassungsrechtlich garantiertes Streikrecht anerkannt und fristlose

Entlassungen gegen legitim Streikende als unzulässig erklärt. Es hob damit ein Urteil des Zürcher Arbeitsgerichts auf, das zehn fristlos entlassenen Arbeitern das Streikrecht abgesprochen hatte.

Das Zürcher Obergericht stellte klar, dass das Streikrecht auch das privatrechtliche Arbeitsverhältnis beeinflusst. Es hielt fest, dass durch einen rechtmässigen Streik das Arbeitsverhältnis nicht aufgelöst, sondern bloss in bezug auf seine wesentlichen Pflichten (Arbeits- und Lohnzahlungspflicht) suspendiert wird.

Damit ein Streik rechtmässig ist, müssen laut Obergericht unter anderem folgende *Voraussetzungen* erfüllt sein:

- Der Streik muss von einer tariffähigen Organisation (z.B. Gewerkschaft) durchgeführt werden.
- Er darf die vertragliche Friedenspflicht nicht verletzen oder nicht während einer Einigungsverhandlung stattfinden.
- Der Streik muss das Prinzip der Verhältnismässigkeit wahren.

Merke aber: Auch dieses Urteil kann nicht verhindern, dass dem legal Streikenden unter Einhaltung der ordentlichen Frist gekündigt wird. Unzulässig sind lediglich fristlose Kündigungen.

13.12 Wie kann ich mich gegen ungerechtfertigte Eingriffe wehren?

Was kann ein Arbeitnehmer gegen eine erfolgte Persönlichkeitsverletzung unternehmen? Das grundlegende Problem bei Verletzungen dieser Art ist, daß sie nicht mehr ungeschehen gemacht werden können. Dem Verletzten bleibt nur noch die Möglichkeit, vor Gericht hinterher feststellen zu lassen, daß eine Verletzung erfolgt ist.

Er kann zudem verlangen, daß künftige Verletzungen unterbleiben, und einen Schadenersatz geltend machen, wenn er daraus einen finanziell bezifferbaren Schaden erlitten hat. Das ist oft nicht leicht, vor allem, wenn nichts Schriftliches vorliegt. Wie soll z.B. ein Arbeitnehmer beweisen, dass er wegen negativer Auskünfte seines ehemaligen Chefs eine Stelle nicht erhalten hat? Zeugen lassen sich nur in seltenen Fällen finden. Persönlichkeitsverletzende Weisungen des Arbeitgebers braucht der Arbeitnehmer nicht zu befolgen, er kann also den Gehorsam verweigern.

In schwerwiegenden Fällen kann der Arbeitnehmer seine Arbeitsleistung verweigern, wobei der Arbeitgeber verpflichtet ist, den Lohn zu zahlen. Eine schwere Persönlichkeitsverletzung kann auch ein Grund für eine fristlose Auflösung des Arbeitsvertrages sein. Doch bei all diesen Sanktionen, die rechtlich möglich sind, liegt das Problem darin, dass sich in der Regel das Arbeitsklima in einem Betrieb massiv verschlechtert, sobald der Arbeitnehmer seine Rechte wahrnehmen will. Unter Umständen muss er gar mit einer Kündigung rechnen. Auch wenn völlig klar ist, dass ihm gekündigt wurde.

Fazit: Der Persönlichkeitsschutz wird zwar grundsätzlich mehr oder weniger weitgehend anerkannt, die Durchsetzung der Rechte des Arbeitnehmers scheitert jedoch oft in der Praxis, weil nichts bewiesen werden kann oder der Arbeitnehmer mit einer Kündigung rechnen muss, falls er sich wehrt!

14.

Die Kündigung

Kaum jemand ist mit seinem Betrieb »verheiratet«. Eine Beendigung des Arbeitsverhältnisses ist nichts Seltenes. Aber wie so oft im Leben: Ton und Begleitumstände dieses Schrittes sind entscheidend. Ob nun ein Angestellter sein Arbeitsverhältnis kündigt, weil er den Traumjob seines Lebens gefunden hat, oder ob er über eine fristlose Entlassung mit Schimpf und Schande zum Teufel gejagt wird, ist schon ein Unterschied.

Viele Fragen können sich stellen bei der Beendigung des Arbeitsverhältnisses: Welche Kündigungsfristen und -termine gelten? Wann kann nicht gekündigt werden? Aus welchen Gründen darf eine fristlose Entlassung ausgesprochen werden? Kann auch der Arbeitnehmer fristlos das Arbeitsverhältnis beenden? Wie kann sich ein Arbeitnehmer gegen eine ungerechte fristlose Entlassung wehren?

Wie muss eine Kündigung erfolgen?

Seit über vier Jahren arbeitet Peter Vollmer in der Blechwaren AG als gelernter Dreher. Am Mittwoch, kurz vor Arbeitsschluss, wird er ins Personalbüro gerufen. Dort übergibt ihm der Personalchef ein Couvert mit der Bemerkung: »Leider müssen wir Ihnen kündigen. Im Couvert ist die Kündigung. Sie können noch die beiden nächsten Monate bei uns arbeiten. Bitte bestätigen Sie den Empfang der Kündigung auf diesem Doppel hier.«

Eine solche Situation ist nicht selten. Doch ist im Fall von Peter Vollmer die Kündigung korrekt erfolgt? Oder anders gefragt: Wie muss eine Kündigung vorgenommen werden? Muss sie begründet sein?

Eine Kündigung kann grundsätzlich mündlich oder schriftlich vorgenommen werden. Das gilt sowohl für den Arbeitgeber wie für den Arbeitnehmer. Verschiedene Gesamtarbeitsverträge lassen jedoch nur eine schriftliche Kündigung gelten. Diese schriftliche Kündigung erleichtert im Streitfall den Beweis. Aus diesem Grund hat der Personalchef der Blechwaren AG auch den Erhalt der Kündigung von Peter Vollmer durch Unterschrift bestätigen lassen.

Eine Kündigung braucht nach schweizerischem Recht *keine Begründung* zu enthalten. Sofern jedoch die andere Partei es verlangt, hat der Kündigende seine Kündigung schriftlich zu begründen (Art. 353 Obligationenrecht).

Will auf der anderen Seite Peter Vollmer kündigen, so kann er dies ebenfalls mündlich oder schriftlich machen. Eine schriftliche Kündigung hat den Vorteil, dass sie bei allfälligen späteren Streitigkeiten klar beweisbar ist. Hätte Peter Vollmer von sich aus gekündigt, so hätte folgendes Schreiben genügt:

Musterbrief:

Einschreiben

Basel, 25. April 1992

Hiermit kündige ich meine Stelle. Ich werde nach Ablauf der gesetzlichen Kündigungsfrist per Ende Juni aus der Firma austreten.

Mit freundlichen Grüssen
Peter Vollmer

Dieses Schreiben sendet Peter Vollmer auf Ende Monat eingeschrieben an den Personalchef der Blechwaren AG. Auf Verlangen der Blechwaren AG muss jedoch auch Peter Vollmer seine Kündigung ausführlich begründen.

Welche Kündigungsfristen sind einzuhalten?

Kündigungsfristen gelten für Arbeitgeber und Arbeitnehmer gleichermassen. Sind die Kündigungsfristen nicht durch Einzel- oder Gesamtarbeitsvertrag abgeändert worden, so gelten gemäss Art. 335b und Art. 335c Obligationenrecht *folgende Fristen:*

- *während der Probezeit:* jederzeit mit Frist von 7 Tagen,
- *während des ersten Arbeitsjahres:* auf das Ende des nächstfolgenden Monats,
- *beim überjährigen Arbeitsverhältnis:* auf das Ende der nächstfolgenden zwei Monate,
- *bei einem Arbeitsverhältnis über neun Jahre:* auf das Ende der nächstfolgenden drei Monate.

Wie bereits gesagt, können diese Kündigungsfristen abgeändert werden. Verschiedene Gesamtarbeitsverträge sehen zum Schutz der Arbeitnehmer längere Kündigungsfristen vor. Aber auch Arbeitgeber profitieren davon: Sie werden früher von der Absicht des Arbeitnehmers in Kenntnis gesetzt, die Stelle aufzugeben, und können so einen geeigneten Nachfolger suchen. Kürzere Kündigungsfristen als ein Monat dürfen jedoch nur durch Gesamtarbeitsvertrag und für Arbeitsverhältnisse von unter einem Jahr verabredet werden.

Während im oben geschilderten Fall Peter Vollmer die Kündigungsfrist korrekt eingehalten wurde, hatte Susi Bertschi Probleme mit ihrem Arbeitgeber: Die Anstellung im Schuhgeschäft Müller gefiel ihr von Anfang an nicht. Umgekehrt war Herr Müller froh, endlich eine Verkäuferin gefunden zu haben. Susi Bertschi kündigte aber nach elfmonatiger Arbeitsdauer und wollte das Geschäft in einem Monat verlassen. Gleich anschliessend hätte sie nämlich eine weit besser bezahlte Stelle, die ihr aber auch sonst noch besser zusagen würde, antreten können. Doch Herr Müller behauptete nun, das gehe nicht, weil das Arbeitsverhältnis während der Kündigungsfrist mehr als ein Jahr alt werde. Somit gelte, meinte Herr Müller, eine zweimonatige Kündigungsfrist. Das ist jedoch falsch. Richtig ist: Solange ein Arbeitnehmer die Kündigung im elften oder gar zwölften Monat abschickt, gilt immer noch die Kündigungsfrist für das unterjährige Arbeitsverhältnis, also ein Monat.

Kann ich vor Stellenantritt kündigen?

Beat Trachsler hat bereits vor Antritt seiner neuen Stelle eine bessere gefunden. Für die zuerst beabsichtigte Stelle hat er einen unterschriebenen Arbeitsvertrag in der Tasche. Anfang Monat soll er seine Stelle antreten. Doch er möchte auf den gleichen Zeitpunkt die bessere Stelle annehmen. Wie muss ein Arbeitnehmer sich verhalten, wenn er nach Abschluss des Vertrages, aber vor dem Stellenantritt den Vertrag auflösen will? Gibt es eine Frist, innert welcher er noch vom Vertrag zurücktreten kann?

Ein einmal abgeschlossener Vertrag muss grundsätzlich erfüllt werden. Man kann nicht einfach zurücktreten. Für die Auflösung muss stets die vereinbarte Kündigungsfrist beachtet werden. Ist ein Arbeitsvertrag für eine feste Zeit – zum Beispiel ein Jahr – abgeschlossen worden, ist eine Auflösung nur noch möglich, wenn ausdrücklich eine Probezeit abgemacht worden ist.

Im Normalfall wird jedoch ein Arbeitsvertrag auf unbestimmte Zeit abgeschlossen. In solchen Fällen gilt der erste Monat als *Probezeit,* sofern es im schriftlichen Vertrag nicht anders geregelt worden ist. Während der Probezeit kann das Arbeitsverhältnis mit einer Kündigungsfrist von sieben Tagen jederzeit aufgelöst werden.

Wer also eine Stelle nicht antreten will, müsste theoretisch diese Zeit absitzen. Er kann am ersten Tag des Arbeitsbeginns seine Kündigung schreiben und bleibt dann während sieben Tagen gebunden.

In der Regel gelingt es aber, in solchen Fällen mit dem Arbeitgeber eine spezielle Vereinbarung zu treffen. Dieser hat nämlich kaum ein Interesse, einen neuen Arbeitnehmer einzuführen, der gar nicht bleiben will, und ist meist einverstanden, dass er die Stelle gar nicht erst antritt. Wen ein besseres Angebot lockt, darf jedoch den neuen Vertrag erst abschliessen, wenn der alte definitiv aufgelöst ist. Wer sich nicht daran hält, muss unter Umständen mit einer saftigen Konventionalstrafe von einem Viertel des Lohnes für einen Monat rechnen.

Gilt das Datum des Poststempels?

Vom Hauptsitz seiner Firma erhielt Marco Feller den blauen Brief eingeschrieben per Post. Abgesandt worden war der Brief am 25. Februar.

Da der Arbeitsvertrag von Marco Feller noch keine neun Monate alt war, wurde unter Anwendung der einmonatigen Kündigungsfrist per Ende März gekündigt. Nun aber war Marco Feller gerade erst für zwei Wochen in die Skiferien verreist. Die Kündigung wurde auf der Post zurückbehalten. Der braungebrannte Marco Feller erhielt so von der Kündigung erst nach seiner Rückkehr aus den Skiferien Kenntnis. Doch jetzt stand ihm bei der Suche nach einer neuen Stelle gar kein ganzer Monat mehr zur Verfügung, das Arbeitsverhältnis lief ja per Ende März aus!

Hier ist die Rechtslage eindeutig: Anerkanntermassen muss die Kündigungsfrist voll und ganz gewahrt sein, *dem Arbeitnehmer muss die volle Kündigungsfrist zur Verfügung stehen,* damit er genügend Zeit hat, eine neue Stelle zu suchen.

Entscheidend ist nämlich, dass das Kündigungsschreiben noch vor Beginn der Kündigungsfrist *dem Empfänger zur Kenntnis gelangt.* Wenn also Marco Feller nicht zu Hause ist, gilt nicht einfach das Postversanddatum der Kündigung, sondern vielmehr das Datum des Empfangs. Der Arbeitnehmer muss somit vom Inhalt des Schreibens Kenntnis haben.

Es nützt jedoch nichts, wenn eine Kündigung, die eingeschrieben per Post zugestellt wird, einfach nicht abgeholt oder refüsiert wird. Denn eine nichtabgeholte eingeschriebene Kündigung gilt auch dann als zugestellt, wenn der Empfänger ohne zwingenden Grund diese hat liegenlassen.

Hier gilt der Grundsatz: *Das Schreiben gilt als zugestellt, wenn der Empfänger davon hätte Kenntnis nehmen können.* Spätestens nach zehn Tagen, wenn die Abholfrist abgelaufen ist, gilt aber das Schreiben auf jeden Fall als zugestellt.

Schickt aber der Arbeitgeber die Kündigung ausgerechnet während der Skiferien des Angestellten ab, gilt sie erst als zugestellt, wenn dieser wieder aus den Ferien zurückgekehrt ist. Die Kündigungsfrist verschiebt sich so um einen ganzen Monat, weil die Kündigung zu spät eingetroffen ist.

Dasselbe gilt natürlich auch im umgekehrten Fall: wenn der Arbeitnehmer kündigt. Seine Kündigung muss ebenfalls am letzten Tag vor Beginn der Frist effektiv beim Arbeitgeber eingetroffen sein. Das Risiko, dass der Brief nicht rechtzeitig eintrifft, hat auch da der Absender zu tragen. Wenn also die Kündigung erst am 1. des nächsten Monats ins Postfach des Arbeitgebers gelegt worden ist, so ist dieser im Recht, wenn er sie erst für den nächsten Kündigungstermin akzeptiert.

Tip: Um unangenehmen Überraschungen vorzubeugen, empfiehlt sich, *das Kündigungsschreiben rechtzeitig aufzugeben* oder sich allenfalls zu erkundigen, ob es eingetroffen ist.

Gibt es missbräuchliche Kündigungen?

Auf Anfang 1989 ist das revidierte Arbeitsvertragsrecht in Kraft getreten. Diese Gesetzesrevision bringt vor allem einen verbesserten Kündigungsschutz. Wie bereits oben geschildert, muss eine Kündigung auf Begehren hin schriftlich begründet werden. Diese Begründungspflicht hat einen tieferen Sinn: Ist eine Kündigung missbräuchlich, so bleibt sie zwar weiterhin gültig, der Gekündigte hat jedoch einen Anspruch auf eine Entschädigung, die bis zu sechs Monatsgehältern entspricht. Weitere Schadenersatzansprüche bleiben zudem vorbehalten.

Was eine »missbräuchliche Kündigung« ist, wird im Gesetz beispielhaft aufgezählt, ohne dass diese Aufzählung abschliessend wäre. Namentlich erwähnt Art. 336 des Obligationenrechtes folgende Missbräuche:

- Eine Kündigung ist etwa dann unzulässig, wenn jemand wegen einer persönlichen Eigenschaft entlassen wird. Als Beispiele für solche persönlichen Eigenschaften sind Vorstrafen, nationale Herkunft oder Homosexualität denkbar. Vorstrafen eines Arbeitnehmers sind nur dann ein möglicher Grund für eine Kündigung, wenn sie in irgendeiner Beziehung zur Berufsarbeit stehen. Einem Buchhalter, der wegen Veruntreuung bestraft wurde, kann deshalb unter Umständen gekündigt werden, wenn er seinen Arbeitgeber über diese Vorstrafe nicht informierte. Andererseits würde kein Grund für eine Kündigung vorliegen, wenn die Vorstrafe des Buchhalters etwa auf ein Strassenverkehrs- oder Sexualdelikt zurückginge.
- Eine Kündigung ist auch dann missbräuchlich, wenn jemand seine Stelle wegen Ausübung verfassungsmässiger Rechte verliert. Beispiele für solche verfassungsmässigen Rechte: Parteizugehörigkeit, Religion, Meinungsäusserungen eines Angestellten, die dem Vorgesetzten nicht gefallen.
- Gegen das neue Recht verstösst eine Kündigung, bei der es dem Arbeitgeber um die Vereitelung von Ansprüchen aus dem Arbeitsverhältnis geht. Wer den blauen Brief erhält, weil sich sein Chef die Abgangsentschädigung nach über 20jährigem Arbeitsverhältnis sparen will, muss die Kündigung nicht einfach hinnehmen.
- Von besonderer Bedeutung ist auch jene Kündigung, die nur als Rache des Arbeitgebers auf geltend gemachte Ansprüche des Arbeitnehmers verstanden werden kann: Nach altem Recht konnten es sich viele Angestellte nicht leisten, während des Arbeitsverhältnisses ihre Ansprüche voll durchzusetzen, wenn sie nicht

bereit waren, als Reaktion darauf eine Kündigung in Kauf zu nehmen. Besonders mit der Geltendmachung von Überstundenzahlungen wurde bisher oft bis zum Abschluss eines Arbeitsverhältnisses zugewartet, was dann mit grösseren Beweisschwierigkeiten verbunden war.

- Endlich darf auch die Zugehörigkeit zu einer Gewerkschaft kein Grund mehr zur Kündigung sein. Unzulässig ist auch die Kündigung eines gewählten Arbeitnehmervertreters in einer betrieblichen oder dem Unternehmen angeschlossenen Einrichtung (Betriebsräte, Stiftungsräte einer Pensionskasse).

Wie erfährt man den Grund einer Kündigung? Diese Frage stellt sich vor allem deshalb, weil nach bisherigem Recht eine Kündigung nicht begründet werden musste. Wer eine Kündigung erhält, muss vor Ende der ordentlichen Kündigungsfrist gegenüber dem Arbeitgeber schriftlich Einsprache erheben. Wenn die Kündigung sich tatsächlich auf einen missbräuchlichen Grund (im Sinne der oben genannten Beispiele) stützt, ist die Kündigung allerdings nicht einfach ungültig. Der Gekündigte hat einen Anspruch auf eine Entschädigung für die unrechtmässig erfolgte Kündigung. Der Betrag dieser Entschädigung ist auf 6 Monatslöhne beschränkt. Wichtig: Die Klage auf Entschädigung ist bis spätestens 180 Tage nach der Beendigung des Arbeitsverhältnisses durch eine Klage am zuständigen Gericht geltend zu machen. Sonst ist der Anspruch verwirkt.

Wann ist eine fristlose Entlassung berechtigt?

An einem heissen Juliabend ging es im Restaurant »Bacchus« hoch her. Die Gartenwirtschaft war voll besetzt. Die Gäste tranken, das Personal schwitzte. Da geschah es: Die Serviertochter Anna Gehrig erhielt schon zum dritten Mal an diesem Abend vom Büffetburschen falsche Getränke ausgeliefert. Wütend zog sie ihre Schürze aus und nannte den Büffetburschen einen dummen Trottel. Als der Wirt den

Streit schlichten wollte, schimpfte sie ihn »Leuteschinder«, »Sklaventreiber« und anderes mehr, er solle doch andere »Dumme« suchen, die so chrampfen würden. Daraufhin verliess sie den Arbeitsplatz. Nach drei Tagen erkundigte sie sich telefonisch beim Chef, wann sie nun wieder das nächste Mal zur Arbeit erscheinen soll. Der Wirt teilte ihr jedoch mit, sie brauche gar nicht mehr zur Arbeit zu erscheinen, er habe ihr nämlich gestern bereits die fristlose Entlassung per Post zugesandt.

Eine fristlose Entlassung? Das hielt Anna Gehrig nicht für möglich. Das würde ja bedeuten, dass sie vorübergehend keinen Verdienst mehr hätte. Doch der Wirt hat recht. Er kann Anna Gehrig fristlos entlassen. Das Arbeitsrecht sieht nämlich vor, dass aus »wichtigen Gründen« ein Arbeitsverhältnis fristlos aufgelöst werden kann.

Doch was können alles »wichtige Gründe« sein? Dies hat allenfalls der Richter zu entscheiden. Aus der jahrelangen Rechtsprechung der Arbeitsgerichte hat sich jedoch eine Liste »wichtiger Gründe« herauskristallisiert, die eine fristlose Auflösung des Arbeitsverhältnisses bedeuten können. Grundsätzlich gilt jedoch, dass eine fristlose Auflösung des Arbeitsverhältnisses *nur in krassen Fällen* möglich ist:

- *Eindeutige Unredlichkeiten,* wie beispielsweise *Betrug* gegenüber dem Arbeitgeber, *Diebstahl* oder *Veruntreuung* am Arbeitsplatz. Darunter würde z.B. auch jener Arbeitnehmer fallen, der andauernd durch seine Kollegen seine Stempelkarte auch noch stempeln lässt, selbst jedoch nicht oder verspätet zur Arbeit erscheint.
- Die *beharrliche Verweigerung der zu leistenden Arbeit, das unbegründete Verlassen des Arbeitsplatzes* oder *der eigenmächtige Bezug von Ferien.* Die Verweigerung von Überstunden fällt ebenfalls darunter, darf doch der Arbeitgeber nach Arbeitsvertragsrecht Überstunden anordnen. In unserem Beispiel hat Anna Gehrig durch ihr Verlassen des Arbeitsplatzes und durch das Fernbleiben während mehrerer Tage Grund zur fristlosen Auflösung gesetzt. Dieselbe Regelung gilt im übrigen auch beim unbegründeten Nichtantritt einer neuen Stelle.

- *Die Konkurrenzierung des Arbeitgebers,* beispielsweise durch *Schwarzarbeit,* Geschäfte auf eigene Rechnung, Arbeit für die Konkurrenz. Die Entlassung eines Monteurs wurde vor Arbeitsgericht bestätigt, weil dieser Monteur – teilweise in der Geschäftszeit – auf eigene Rechnung Kundenarbeiten ausgeführt hat. Aber auch nach der Arbeitszeit hätte er keine solchen Arbeiten ausführen dürfen, wenn er durch die Art der Tätigkeit seinen Arbeitgeber konkurrenziert.
- *Das unredliche Verhalten gegenüber der Kundschaft* kann ebenfalls Grund zur fristlosen Entlassung sein: Der Milchmann, der auf seiner Milchtour weniger Milch ausschenkt, jedoch das volle Milchgeld kassiert und die Differenz für sich behält, gibt Grund zur fristlosen Entlassung.
- *Tätlichkeiten, Beschimpfungen und Beleidigungen* gegen den Arbeitgeber oder Arbeitskollegen sind ebenfalls Grund zu einer fristlosen Entlassung.

Wichtig: Bei einer fristlosen Entlassung gilt, dass die *»wichtigen Gründe«*, die eine Weiterführung des Arbeitsverhältnisses unzumutbar erscheinen lassen, gemäss neuem Arbeitsvertragsrecht auf Verlangen hin schriftlich genannt werden müssen (Art. 337 Abs. 1 Obligationenrecht).

Hat der fristlosen Entlassung eine Verwarnung voranzugehen?

Ein Dachdecker, welcher bereits gekündigt hatte, war eines Tages ohne Abmeldung nicht zur Arbeit erschienen und behauptete nachträglich, er habe sich wegen eines Gerichtstermins abgemeldet. Zwar erwies sich der Gerichtstermin als zutreffend, von einer Abmeldung wusste jedoch niemand etwas. Der Arbeitgeber drohte ihm die fristlose Entlassung bei nochmaligem unentschuldigtem Fernbleiben an.

Aber schon zwei Tage später entfernte sich der Dachdecker an einem Nachmittag vom Arbeitsteam mit der Begründung, die Arbeiten seien ihm zu gefährlich und unzumutbar. Er wurde in der Folge fristlos entlassen.

Im nachfolgenden Gerichtsverfahren ergab sich jedoch, dass die Arbeiten nicht mit besonderen Gefahren verbunden gewesen waren, es war offensichtlich, dass der Mann sich ohne Grund von der Arbeit entfernt hatte. Die fristlose Entlassung wurde vom Arbeitsgericht geschützt.

In diesem Fall hätte das einmalige Fernbleiben von der Arbeit als Grund für eine fristlose Entlassung nicht ausgereicht. Der Wiederholungsfall nach erfolgter Verwarnung genügte dann. *Der Arbeitgeber ist jedoch nicht generell verpflichtet, eine mündliche oder schriftliche Verwarnung auszusprechen.* Weniger schwerwiegende Gründe wie Blaumachen oder wiederholtes Zuspätkommen reichen im Normalfall aber nicht aus zur fristlosen Entlassung, wenn nicht vorher eine Verwarnung ausgesprochen wurde.

Wann kann ich mein Arbeitsverhältnis fristlos auflösen?

Nicht nur der Arbeitgeber, sondern auch der Arbeitnehmer kann das Arbeitsverhältnis fristlos auflösen. Ist für ihn ein weiteres Verbleiben am Arbeitsplatz unzumutbar, so steht ihm ebenfalls das Recht zu, unter Schadenersatzfolge für den Arbeitgeber das Arbeitsverhältnis sofort zu beenden.

Auch hier hat die langjährige Gerichtspraxis zur Klärung dieses unpräzisen Gesetzesbegriffs beigetragen. Als *»wichtige Gründe«*, die eine fristlose Vertragsauflösung seitens des Arbeitnehmers rechtfertigen, werden etwa genannt:

- Der Arbeitnehmer muss sich keine *Tätlichkeiten oder Beschimpfungen* von seinem Vorgesetzten gefallen lassen, ja sogar Tätlichkeiten von Arbeitskollegen, wenn der Arbeitgeber diese billigt, können den verletzten Arbeitnehmer zur fristlosen Auflösung des Vertrages berechtigen.

- *Erhält ein Arbeitnehmer seinen Lohn nicht* oder wird die Zahlung immer wieder hinausgezögert, so kann er das Arbeitsverhältnis fristlos auflösen. Hier ist interessant zu vermerken, dass der Konkurs des Arbeitgebers für den Arbeitnehmer eine fristlose Kündigung möglich macht, denn der Lohn ist ja aller Voraussicht nach gefährdet. Umgekehrt kann ein Arbeitgeber, der Konkurs macht, seine Angestellten nicht fristlos entlassen, denn ein Konkurs des Arbeitgebers ist nach Rechtsprechung kein »wichtiger Grund«, der dem Arbeitgeber die Berechtigung zur fristlosen Vertragsauflösung geben würde.

Kann eine fristlose Entlassung auch mündlich ausgesprochen werden?

»Scher dich doch zum Teufel!« – »Ich mag Sie hier nicht mehr sehen!« Solche und ähnliche Aussagen bekommt ein Arbeitnehmer auch manchmal zu hören. Doch ist dies bereits eine fristlose Entlassung? Im Zweifel nicht. Dem so angesprochenen Arbeitnehmer wäre anzuraten, am Arbeitsplatz zu bleiben oder aber am nächsten Arbeitstag wieder hinzugehen und in einem Gespräch mit dem Arbeitgeber den Fall zu klären.

Will der Arbeitgeber auch dann nichts mehr vom Arbeitnehmer wissen, würde dies einer fristlosen Entlassung gleichkommen. *Sie muss nach Gesetz nicht schriftlich erfolgen*. Eine Entlassung ohne Grundangabe ist zwar rechtswirksam, kann den Arbeitgeber jedoch eine schöne Stange Geld kosten, wie weiter unten dargestellt wird. Die Entlassung muss auf Verlangen hin jedoch schriftlich begründet werden. Ob sie allerdings zu Recht erfolgt ist, richtet sich nach den oben aufgeführten Kriterien.

Wie kann ich mich gegen eine Entlassung wehren?

Nach der früheren Praxis der Arbeitsgerichte hatte der Arbeitnehmer, der sich zu Unrecht entlassen fühlte, gegen die Entlassung zu protestieren. Er zeigte seinen Protest dadurch, dass er erneut am Arbeitsplatz vorsprach und seine Arbeit offerierte. Dasselbe konnte auch schriftlich geschehen.

Heute ist das persönliche Erscheinen nicht mehr unbedingt notwendig. Ist aus allen Umständen zu schliessen, dass eine Offerierung der Arbeit nichts bringen würde, kann darauf verzichtet werden. Sicherheitshalber ist doch auf alle Fälle anzuraten, gegen die Entlassung schriftlich zu protestieren, am besten durch einen eingeschriebenen Brief:

Musterbrief:

Einschreiben

Basel, 12. August 1992

Sehr geehrter Herr Maier,

am 9. August haben Sie mich ohne wichtigen Grund fristlos entlassen. Dagegen protestiere ich. Falls ich innert drei Tagen nach Erhalt dieses Schreibens von Ihnen keine schriftliche Aufforderung bekomme, die vertragsgemässe Arbeit wiederaufzunehmen, werde ich eine neue Stelle suchen und Sie für den Lohnausfall haftbar machen.

Mit vorzüglicher Hochachtung

Dieser schriftliche Protest kann in einem allfälligen nachfolgenden Arbeitsprozess als Beweismittel grosse Bedeutung haben.

Eine ungerechtfertigte fristlose Entlassung kann ganz schön ans

Geld gehen: Wie bei einer missbräuchlichen ordentlichen Kündigung wird eine ungerechtfertigte fristlose Entlassung mit einer Entschädigung bis zu 6 Monatslöhnen »bestraft«. Ausserdem sind selbstverständlich sämtliche Ansprüche aus dem Arbeitsverhältnis (Lohn bis zum normalen Ende des Arbeitsverhältnisses, Entschädigung für nichtbezogene Ferientage, 13. Monatslohn pro rata, Überstundenentschädigung etc.) geschuldet.

Kann mein Arbeitsvertrag aufgehoben werden?

Nach seiner Kündigung hat Peter Vollmer rasch wieder eine Stelle gefunden: Aber der jetzige Arbeitgeber hat ihm eigentlich nie besonders gut gefallen. In der Zeitung hat er nun ein Inserat gesehen: Metallarbeiter für Blechwarenbetrieb gesucht. Der Eintritt wäre sofort erwünscht. Soll er nun mit Unlust noch die Kündigungsfrist absitzen? Damit wäre weder ihm noch seinem Chef gedient.

Anders als bei der Kündigung, die entweder vom Arbeitgeber oder vom Arbeitnehmer ausgeht, kann ein Arbeitsverhältnis auch *in beidseitigem Einvernehmen* aufgelöst werden: Arbeitgeber und Arbeitnehmer setzen sich gemeinsam an den Tisch und regeln die Modalitäten der vorzeitigen Auflösung des Arbeitsvertrages. Wenn sich beide Parteien nämlich einig sind, kann von der ursprünglich vereinbarten oder gesetzlich vorgeschriebenen Kündigungsfrist abgewichen werden.

Häufig sieht ein Auflösungsvertrag etwa so aus: Der Arbeitgeber verzichtet auf die Weiterbeschäftigung des Arbeitnehmers, umgekehrt erhält der Arbeitnehmer seinen Lohn und den Anteil am 13. Monatslohn, an den Ferien etc. bis zum Zeitpunkt des tatsächlichen Austritts.

Wenn der Arbeitgeber auf meine Dienste verzichtet...

Während bei eigentlichen fristlosen Entlassungen die Arbeitsgerichte über die Rechtmässigkeit der Entlassung entscheiden und gleichzeitig die Lohnforderung für den Kündigungslohn beurteilen, kann es aber auch vorkommen, dass ein Arbeitgeber per sofort auf die weitere Mitarbeit seines Angestellten verzichten will. Dies geschieht vor allem dann, wenn der Arbeitgeber keinen Grund zur fristlosen Entlassung hat, aber trotzdem keine weitere Beschäftigung mehr will.

So z.B. jener Arbeitgeber, der die Vermutung hat, dass sein Angestellter ihn durch Konkurrenzarbeit schädige, aber überhaupt keine Beweise zur Stützung seines Verdachts hat. Will er diesen Angestellten nicht mehr bei sich im Betrieb haben, so muss er ihm auf alle Fälle den normalen Lohn bis zum Ablauf der Kündigungsfrist auszahlen. Auch in diesem Falle drängt sich eine klare Regelung der Auflösung des Arbeitsvertrages auf. Aber aufgepasst: Müsste der Arbeitgeber in diesem Fall die beabsichtigte Kündigung auf Begehren hin begründen, so könnte er nicht schreiben, dass er den Verdacht auf konkurrenzierende Tätigkeit habe, denn dies wäre allenfalls – da nichts bewiesen werden kann – eine missbräuchliche Kündigung!

Nicht selten ist ein solcher Auflösungsvertrag oder ein Verzicht auf die Weiterbeschäftigung unter gleichzeitiger Weiterbezahlung des Kündigungslohnes mit einer abschliessenden Regelung sämtlicher Ansprüche verbunden. Beliebt ist in diesem Zusammenhang die »Per-saldo-aller-Ansprüche«-Klausel.

Schon mancher Arbeitnehmer hat aber mit dieser Klausel böse Überraschungen erlebt: Ein Verzicht auf zwingende Ansprüche aus dem Arbeitsvertrag (beispielsweise auf Einhaltung der Sperrfrist bei Krankheit bei einer Kündigung) ist gemäss Gesetz während des ersten Monats nach Auflösung des Arbeitsvertrags nichtig. Später ist dieser Verzicht nur noch durch Geltendmachung eines Irrtums anfechtbar, wobei in der Praxis kaum Aussicht auf Erfolg besteht.

Wichtig: Bevor man »per saldo aller Ansprüche« unterzeichnet, sollte man abklären, was effektiv noch vom Arbeitgeber geschuldet ist. Sind alle Überstundenzuschläge, Abgeltungen für nichtbezogene Ferien, Spesenentschädigungen, Lohnrückbehalte etc. abgegolten? Wenn nicht, empfiehlt es sich, keinen »Per-saldo-Vergleich« zu unterschreiben.

Darf mir gekündigt werden, wenn ich krank bin?

Auch im gekündigten Arbeitsverhältnis hat der Arbeitnehmer verschiedene Rechte. Nach wie vor gelten auch während Krankheit arbeitsvertragliche Abmachungen, andererseits gelten Spezialbestimmungen des Obligationenrechts für die Kündigung respektive den Kündigungsschutz.

Nach Ablauf der Probezeit darf der Arbeitgeber das Arbeitsverhältnis bei Schwangerschaft während der ganzen Dauer der Schwangerschaft und in den 16 Wochen nach der Niederkunft der Arbeitnehmerin nicht kündigen. Ebenfalls speziell geregelt ist die Frage, was bei Krankheit während der Kündigungsfrist passiert.

Beispiel:

Seit einiger Zeit ist Susi Bertschi gesundheitlich angeschlagen. Ab und zu fehlt sie ein paar Tage im Geschäft, bringt jedoch jedesmal Arztzeugnisse bei. Da ist ihr nichts vorzuwerfen. Nun ist sie schon wieder ein paar Tage zu Hause mit einer Angina. Trotz ihres Drängens hat der Arzt Bettruhe angeordnet. Sie ruft im Geschäft an und gibt bekannt, dass sie voraussichtlich noch eine Woche fehlen wird.

Nicht wenig staunt sie, als ihr drei Tage später der Pöstler einen eingeschriebenen Brief mit der Kündigung zustellt: »...kündigen wir Ihnen heute auf das Ende des nächstfolgenden Monats, da Sie infolge Krankheit zu viele Absenzen haben.«

Das geht nicht. Zwar kann einer Arbeitnehmerin gekündigt werden, wenn sie zu viele Krankenabsenzen hat. Klar und unabdingbar zählt das Gesetz eine Reihe von Umständen auf, unter denen nicht gekündigt werden kann. Darunter befindet sich auch eine unfall- oder krankheitsbedingte Absenz.

Dem Arbeitgeber wird gemäss Art. 336c Obligationenrecht eine Sperrfrist auferlegt. Im unterjährigen Arbeitsverhältnis umfasst diese Sperrfrist die ersten 30 Tage einer durch unverschuldete Krankheit oder unverschuldeten Unfall verursachten Arbeitsunfähigkeit. Vom zweiten bis fünften Arbeitsjahr an dauert diese Sperrfrist die ersten 90 Tage während der unverschuldeten Absenz, ab dem fünften Dienstjahr gar 180 Tage! In dieser Sperrfrist darf nicht gekündigt werden. Aber auch vier Wochen vor und nach dem obligatorischen Militärdienst darf dem Arbeitnehmer nicht gekündigt werden.

Wichtig: *Eine Kündigung, die während einer derartigen Sperrfrist ausgesprochen wird, ist ungültig.* Soll das Arbeitsverhältnis nach Ablauf der Sperrfrist wirklich aufgelöst werden, so muss der Arbeitgeber nochmals kündigen.

Die Kündigung jedoch, die vor Beginn einer solchen Sperrfrist ausgesprochen wird, bleibt bestehen, auch wenn die Endfrist beispielsweise infolge Erkrankung in die Zeit eines Spitalaufenthaltes fällt. Hier wird einfach der Fristenlauf unterbrochen. Erst nach Beendigung der Sperrfrist laufen die Fristen weiter, und wiederum gilt: Das Ende des Arbeitsverhältnisses *muss* auf ein Monatsende fallen.

Beispiel:

Susi Bertschi steht in einem unterjährigen Arbeitsverhältnis mit einem Monat Kündigungsfrist. Am 25. März wird sie krank, die Krankheit dauert 10 Tage. Der Arbeitgeber sendet ihr am 28. März per Post die Kündigung auf Ende April, da Susi Bertschi seiner Meinung nach schon früher zuviel krank gewesen sei. Diese Kündigung ist jedoch ungültig, denn sie ist in der gesetzlichen Sperrfrist ausgesprochen worden. Wäre sie jedoch erst Anfang April erkrankt, so wäre die Kündigungsfrist infolge dieser zweiwöchigen Krankheit im April um diese Dauer in den Mai hinein verlängert worden. Weil nun der vom Gesetz geforderte Endtermin der Beendigung des Arbeitsverhältnisses nicht auf das Monatsende fällt, wird automatisch das Arbeitsverhältnis bis zum nächsten gesetzlichen Endtermin, im Fall von Susi Bertschi bis zum 31. Mai verlängert.

Bei der Lohnfortzahlung sieht es wiederum anders aus. Die Lohnfortzahlungspflicht muss nicht unbedingt mit diesen Sperrfristen übereinstimmen. Hier haben einerseits Gesetz und andererseits Rechtsprechung der Arbeitsgerichte eigene Regelungen aufgestellt (siehe Seite 82f.).

Krank während der Kündigungszeit – erhalte ich meinen Lohn?

Grundsätzlich kann festgehalten werden, dass für die Lohnfortzahlungspflicht bei Krankheit in der Kündigungsfrist dieselbe Regelung gilt wie bei Krankheit im ungekündigten Arbeitsverhältnis (siehe Seite 82f.).

Dass in vielen Fällen gesamtarbeitsvertragliche Regelungen getroffen worden sind, die einerseits die Kündigungsfrist verlängern, andererseits aber auch den Kündigungsschutz erweitern und verlängerte

Krankentaggeldzahlungen vorsehen, macht die Sache nicht gerade leichter. Da vielfach Kündigungsschutz und Lohnfortzahlungspflicht nicht deckungsgleich sind, entsteht eine eigenartige Situation: Es kann sein, dass einem Arbeitnehmer nicht gekündigt werden darf, dass aber auch keine Lohnfortzahlung mehr erfolgt.

Hat ein Arbeitgeber eine Krankentaggeldversicherung abgeschlossen, so entrichtet diese im Normalfall ein Taggeld von 80 Prozent des Lohnes während insgesamt 720 Tagen. Kein Arbeitnehmer darf sich jedoch darauf verlassen, dass ihm deswegen nicht gekündigt wird. Die Kündigung ist gemäss Art. 336c, Abs. 1 lit b OR im ersten Dienstjahr in den ersten 30 Tagen einer unverschuldeten Krankheit oder eines unverschuldeten Unfalls nicht möglich; ab 2. bis zum 5. Dienstjahr beträgt die Sperrfrist 90 Tage, darüber 180 Tage.

Wer erhält eine Abgangsentschädigung?

Wann kann ein Arbeitnehmer nach Beendigung des Arbeitsverhältnisses für sich eine Abgangsentschädigung beanspruchen? Das Gesetz nennt in Art. 339b Obligationenrecht zwei Voraussetzungen: *Der Arbeitnehmer muss mindestens 50 Jahre alt sein und mindestens 20 Jahre lang im gleichen Betrieb gearbeitet haben.* Wie hoch schliesslich die Abgangsentschädigung ausfällt, überlässt das Gesetz im Streitfall dem Richter: Dieser kann von zwei bis zu acht Monatslöhnen als Abgangsentschädigung zusprechen.

Aber auch hier gilt: Gesamtarbeitsverträge haben zugunsten des Arbeitnehmers Änderungen gebracht. Einmal mehr empfiehlt es sich, seinen GAV gegebenenfalls zu studieren.

Die Abgangsentschädigung kann allerdings auch reduziert werden, wenn der Arbeitnehmer ohne wichtigen Grund gekündigt hat oder gar vom Arbeitgeber fristlos entlassen wurde.

Hat der Arbeitgeber Beiträge an eine Pensionskasse geleistet, so kann die Abgangsentschädigung entfallen, wenn die Beiträge eine bestimmte Höhe erreichen. Ebenfalls eingeschränkt werden kann sie, wenn der Arbeitgeber durch die Zahlung dieser Entschädigung in eine Notlage geraten würde.

Was bedeutet das Konkurrenzverbot?

Nicht selten wird heute vom Arbeitgeber schon zu Beginn eines Arbeitsverhältnisses in den Arbeitsvertrag ein sogenanntes »Konkurrenzverbot« aufgenommen: Dieses untersagt dem Angestellten, eine gewisse Zeit lang nach Auflösung des Arbeitsvertrages in der gleichen Branche, d.h. bei der Konkurrenz, tätig zu sein. Eine solche Konkurrenzklausel erschwert manchem tüchtigen Arbeitnehmer den beruflichen Aufstieg.

Beispiel aus der Gerichtspraxis:

Mit S.B., die als Ein- und Verkäuferin einer Schuhboutique arbeitete, war ein Konkurrenzverbot mit einer Konventionalstrafe von Fr. 100'000.– im Übertretungsfall vereinbart. Wegen ihrer krankheitsbedingten Absenzen erhielt sie die Kündigung. Bald darauf fand sie jedoch eine Stelle bei einem Konkurrenzgeschäft als Verkäuferin, wo sie hie und da auch ihren Chef auf Einkaufstourneen begleiten konnte. Im früheren Betrieb hatte sie massgeblich bei der Zusammenstellung der Verkaufskollektion mitgewirkt. Sie kannte die verschiedenen Lieferanten im In- und Ausland und auch den Rahmen finanzieller Zugeständnisse beim Grosseinkauf.

Der alte Arbeitgeber sah rot: Er forderte von ihr die Konventionalstrafe von Fr. 100'000.–. Vor Gericht konnte er eine Schädigungsmöglichkeit durch die Anwendung der erworbenen Kenntnisse im neuen Geschäft einleuchtend darlegen, wogegen eine effektive Schädigung zwar glaubhaft, aber nicht bewiesen war. Das vertraglich vereinbarte Konkurrenzverbot kam somit sicher zum Zuge, die Übertretung war klar erwiesen, auch wenn dem alten Arbeitgeber noch gar kein effektiver Schaden entstanden war. Doch sollte nun S.B. Fr. 100'000.– Konventionalstrafe bezahlen? Eine Ausdehnung der

Konventionalstrafe auf Fr. 100'000.– hält jedoch nicht stand, eine derartige Höhe übersteigt jegliches Mass, der Richter legte denn auch, wie es ihm das Gesetz erlaubt, die Konventionalstrafe in freiem Ermessen fest. In diesem Fall betrug die Konventionalstrafe schliesslich noch 2/3 eines Monatsgehalts.

Tip: Jedem Arbeitnehmer wird empfohlen, nach Möglichkeit *ein Konkurrenzverbot im Arbeitsvertrag zu verhindern*. Lässt es sich nicht umgehen, so ist darauf zu achten, dass die *Dauer* des Konkurrenzverbotes zeitlich beschränkt wird (das Gesetz lässt nur unter bestimmten Umständen eine längere Dauer als drei Jahre zu). Empfehlenswert ist auch die Umschreibung der *örtlichen Geltung* des Konkurrenzverbotes (ein Coiffeur darf in einem anderen Quartier einer grösseren Stadt einen Laden aufmachen, während zum Beispiel bei einem hochspezialisierten Computerfachmann ein Konkurrenzverbot für ein weit grösseres Gebiet gelten kann). Schliesslich sollte auch die Höhe einer allfälligen Konventionalstrafe begrenzt werden, wie obiges Beispiel vor Augen führt.

Übrigens: Ein Konkurrenzverbot kann nicht durchgesetzt werden, wenn der Arbeitgeber dem Arbeitnehmer ohne ausreichende Begründung gekündigt hat.

15.

Arbeitslos – was tun?

Immer häufiger kommt es vor, dass ein Arbeitnehmer im Anschluss an eine – freiwillige oder unfreiwillige – Stellenaufgabe keine neue Arbeit mehr findet. Er steht auf der Strasse und hat keinen Verdienst. Hier kann vorerst einmal die *Arbeitslosenversicherung* helfen. Seit 1977 ist ja jeder Arbeitnehmer obligatorisch bei der Schweizerischen Arbeitslosenversicherung gegen die wirtschaftlichen Folgen von Arbeitslosigkeit versichert. Seit 1984 ist das gänzlich veränderte Arbeitslosenversicherungsgesetz in Kraft.

Aber *was heisst versichert?* Jeder Arbeitnehmer bezahlt einen bestimmten Prozentsatz seines Lohnes als Prämie für die Arbeitslosenversicherung. Auf der Lohnabrechnung wird dieser Beitrag zusammen mit den AHV-IV-EO-Beiträgen vom Lohn abgezogen. Die Beitragspflicht ist für die Arbeitslosenversicherung bei maximal Fr. 8100.– pro Monat festgesetzt (Stand 1.1.1993). Wer arbeitslos wird, ist infolge dieser Beitragspflicht in den allermeisten Fällen anspruchsberechtigt, d.h. er hat das Recht, Taggelder zu beanspruchen.

Die Arbeitslosenversicherung zahlt unter bestimmten, gesetzlich geregelten Umständen nach einem vorgeschriebenen Berechnungsverfahren Arbeitslosenentschädigung aus, das sogenannte »Taggeld«. Diese Grundsätze lassen für den einzelnen Arbeitslosen eine Reihe von Fragen offen: Wie lange kann gestempelt werden? Wie hoch ist das Taggeld? Was ist bei Kurzarbeit zu tun? Wann und wie kann Beschwerde gegen die Verweigerung von Taggeldern eingereicht werden?

Was unternehme ich bei Arbeitslosigkeit?

Ronald Jäger hat unter Einhaltung der normalen Kündigungsfrist auf Ende September die Kündigung erhalten. Im Kündigungsschreiben bedauert der Arbeitgeber die Auflösung des Arbeitsverhältnisses, es sei ihm jedoch »infolge schlechten Geschäftganges« nichts anderes übriggeblieben. Jäger weiss, dass er als Bauhandlanger, also als Hilfsarbeiter, in naher Zukunft schwerlich eine neue Stelle finden wird. Einerseits gibt es genug arbeitslose Hilfsarbeiter, andererseits leidet das Baugewerbe unter der Krise. Jäger kann noch bis zum Ablauf der Kündigungsfrist arbeiten, dann hat er keinen Verdienst mehr. Ronald Jäger sollte jetzt folgendes tun:

- Bereits während der Kündigungsfrist sollte er sich intensiv *um eine neue Stelle bemühen*. Er hat ja auch das Recht, in der Kündigungsfrist während der Arbeitszeit auf Stellensuche zu gehen. Er schaut in den verschiedenen Stellenanzeigern nach, ob gerade Bauhandlanger gesucht werden.
- Er meldet sich bereits jetzt bei der öffentlichen *Arbeitsvermittlung*. Diese befindet sich meist beim kantonalen Arbeitsamt. Dort meldet er sich für die Stellenvermittlung an. Das Arbeitsamt wird alsdann versuchen, ihm auf seinem Beruf in der näheren oder weiteren Umgebung seines Wohnortes eine Stelle nachzuweisen.
- Nach Beendigung des Arbeitsverhältnisses sucht er *das Arbeitsamt* auf. Er kann danach selbst wählen, bei welcher Kasse er seinen Taggeldanspruch geltend machen will. Es gibt verschiedene Kassen, beispielsweise auch die Gewerkschaftskassen oder aber die kantonalen öffentlichen Arbeitslosenkassen. Am besten nimmt er gleich *die wichtigsten Unterlagen* mit: die AHV-Karte, das Kündigungsschreiben, Arbeitszeugnis, Unterlagen über bereits erfolgte Bewerbungen, allenfalls Arztzeugnis bei Krankheit etc.
- Bevor Ronald Jäger jedoch anspruchsberechtigt auf Taggelder wird, muss er noch ein *»Taggeldgesuch«* ausfüllen und deponieren

und eine »Arbeitgeberbescheinigung« bei seinem früheren Arbeitgeber verlangen. Auf dem Formular »Taggeldgesuch« muss er verschiedene, seine Person betreffende Angaben machen, beispielsweise seinen Zivilstand angeben, die Zahl der zu unterstützenden Kinder, ob er voll vermittlungsfähig ist oder ob er zur Zeit beispielsweise krank geschrieben ist. Dieses Taggeldgesuch gibt er umgehend wieder der Arbeitslosenkasse ab. Das Formular »Arbeitgeberbescheinigung« muss er dem alten Arbeitgeber zustellen, der darin Angaben über Art und Dauer des Arbeitsverhältnisses, über die Lohnhöhe und über die Gründe zur Auflösung des Arbeitsverhältnisses machen muss.

Tip: *Formulare richtig ausfüllen,* falsche Angaben nützen nichts, vielmehr wird später bei absichtlich falschen Angaben das Taggeld gesperrt.

Unter welchen Voraussetzungen habe ich Anspruch auf Taggeld?

Grundsätzlich kann Taggelder beanspruchen, wer mindestens 15 Jahre alt ist und das AHV-Alter (Männer: 65 Jahre, Frauen: 62 Jahre) noch nicht erreicht hat.

In den letzten 24 Monaten vor Einreichung des Taggeldgesuches muss der Arbeitslose *während mindestens sechs Monaten* als Arbeitnehmer gearbeitet und Beiträge an die Arbeitslosenversicherung bezahlt haben. Dabei ist es egal, ob auch nur Teilzeit gearbeitet wurde oder ob diese sechs Monate durch Zusammenzählen verschiedener einzelner Arbeitsverhältnisse nachgewiesen werden. Kann der Arbeitslose in den vergangenen zwei Jahren sogar zwölf Monate Arbeit nachweisen, so hat er Anrecht auf 170 Taggelder, bei 18 Monaten gar auf 250 Taggelder, doch davon mehr weiter unten.

Im weiteren muss der Arbeitslose einen *Verdienstausfall* erleiden, das heisst also wirklich keine Ansprüche mehr gegenüber dem Arbeitgeber haben. Diese Regelung ist dann von Bedeutung, wenn beispielsweise noch Ferien- oder Lohnansprüche bestehen. Auf diese darf der Arbeitslose nicht verzichten, da er sonst für diese Tage nicht anspruchsberechtigt ist. Er würde also für diejenigen Tage, die ihm beispielsweise der Arbeitgeber noch als Ferien vergelten müsste, kein Taggeld erhalten.

Während der Dauer der Arbeitslosigkeit muss der Arbeitslose vermittlungsfähig sein. Das heisst, er muss gesundheitlich und persönlich in der Lage sein, zu arbeiten, und er muss eine ihm zumutbare Stelle annehmen. Er darf sich also nicht darauf beschränken, eine Stelle anzunehmen, an der vormittags und nachmittags nur je zwei Stunden gearbeitet werden müsste, der Arbeitsplatz wechselnd eine stehende, sitzende und gehende Tätigkeit ermöglicht, zudem erst noch der Arbeitsbeginn jeweils flexibel sein müsste, zusätzlich nur Büroarbeit gewünscht würde, aber ohne Schreibmaschinen- und Telefonbedienung. Eine solche Einschränkung der Vermittlungswilligkeit würde unter heute geltendem Recht zu einer Vermittlungsunfähigkeit führen, und der Arbeitslose hätte überhaupt keinen Anspruch mehr auf Taggeld.

Ausser den bisher genannten Voraussetzungen ist eine weitere Bedingung für den Taggeldbezug, dass der Arbeitslose die arbeitslosen Tage mit Stempelaufdruck auf der *Stempelkarte* bescheinigen lässt. Im Normalfall muss der Arbeitslose zweimal in der Woche aufs Arbeitsamt »stempeln« gehen, ausnahmsweise kann auch nur einmaliges Stempeln vorgesehen sein.

Die Anzahl der wöchentlichen Gänge zum Arbeitsamt ist kantonal geregelt. Nur wenn gestempelt wird, besteht ein Taggeldanspruch. Vor- oder Nachstempeln ist nicht gestattet. Sollte also der Arbeitslose verhindert sein, auf dem Arbeitsamt stempeln zu gehen, z.B. weil er sich zu jenem Zeitpunkt gerade an einem Arbeitsplatz vorstellen geht, so sollte er dies im voraus dem Schalterbeamten melden und einen anderen Stempeltermin ausmachen.

Wie hoch ist mein Taggeld?

Die Taggeldhöhe hängt von der Höhe des zuletzt bezogenen Lohnes ab. Wer keine Unterhalts- oder Unterstützungspflichten hat, bekommt *70 Prozent seines letzten Lohnes* (inkl. 13. Monatslohn). Nicht entschädigt werden Einkommen aus einem Nebenverdienst, aus Überzeitarbeit, Schichtzulagen sowie Entschädigungen, auf die kein Rechtsanspruch besteht, z.B. die Gratifikation. Mit eingerechnet wird jedoch ein 13. Monatslohn.

In verschiedenen Berufen oder bei mehreren Arbeitsverhältnissen kann es jedoch vorkommen, dass die letzten Löhne unterschiedlich hoch waren. In diesem Fall wird auf einen Durchschnittswert für die gesamten Beiträge des letzten Beitragsjahres abgestellt.

Ein volles Taggeld beträgt 80% des versicherten Verdienstes. Dabei spielt es keine Rolle, ob die versicherte Person Unterhaltspflichten gegenüber einem Ehegatten/einer Ehegattin oder Kindern hat oder nicht.

Für jedes Kind erhält im übrigen der Arbeitslose eine Kinderzulage oder eine Ausbildungszulage. Diese richtet sich nach dem Familienzulagengesetz jenes Kantons, in dem er wohnt. Die Höhe dieser Zulage ist kantonal verschieden, sie reicht von Fr. 100.– bis Fr. 230.– pro Monat (Stand 1.1.1993).

Wie lange kann ich Taggelder beziehen?

Die Anspruchsberechtigung auf Taggelder richtet sich nach der Beitragsdauer. Je mehr Monate während der zwei der Arbeitslosigkeit vorausgegangenen Jahre gearbeitet wurde, desto mehr Taggelder können bezogen werden.

Hat beispielsweise Ronald Jäger in den letzten 2 Jahren vor Eintritt der Arbeitslosigkeit nicht einmal 6 Monate gearbeitet, so steht ihm überhaupt kein Anspruch zu. Zwischen 6 und 12 Monaten beitragspflichtiger Beschäftigung kann er insgesamt 85 Taggelder beziehen. Bei 12 Monaten Beschäftigung stehen ihm 170 Taggelder zu, bei über 18 Monaten Beschäftigung gar 250 Taggelder. Rechnet man diese Zahlen in Wochen um, so ergibt sich bei einer Woche zu 5 Taggeldern jeweils folgendes:

- *zwischen 6 und 12 Monaten: 17 Wochen stempeln;*
- *zwischen 12 und 18 Monaten: 34 Wochen stempeln;*
- *über 18 Monate Beschäftigung: 50 Wochen stempeln.*

Nach den ersten 85 ausbezahlten Taggeldern wird die Taggeldhöhe um fünf Prozent gesenkt (nicht aber die allfälligen Familienzulagen), nach 170 Taggeldern nochmals um fünf Prozent. Das hat das Parlament so geregelt in der Meinung, dass mit diesem reduzierten Taggeld auf einen Arbeitslosen mehr Druck entsteht, wiederum eine neue Stelle zu suchen und anzunehmen…

Diese Kürzung um jeweils fünf Prozent entfällt, wenn das Taggeld unter Fr. 115.– (Stand 1.1.1993) liegt.

Zum Zeitpunkt der Drucklegung dieser Ausgabe (März 1993) diskutiert das Parlament die Verlängerung der Bezugsdauer auf bis 400 Tage, allerdings verbunden mit einer Herabsetzung des Taggeldansatzes auf 70 Prozent des versicherten Verdienstes.

Welche Pflichten habe ich als Arbeitslose(r)?

Der Arbeitslose muss sich weiterhin intensiv um eine neue Stelle bemühen. Er darf sich nicht einzig auf die Tätigkeit der Stellenvermittlung verlassen. Die Arbeitslosenversicherung kann von ihm jederzeit einen Nachweis über seine Suchbemühungen verlangen.

Tip: Der Arbeitslose notiert sich am besten *jedes Telefon- und jedes Anstellungsgespräch,* das er im Rahmen seiner Stellenbewerbung geführt hat. Er kann dann, wenn die Arbeitslosenkasse seine Arbeitsbemühungen überprüfen will, die Liste vorlegen.

Der Arbeitslose ist von Gesetzes wegen verpflichtet, *jede ihm zumutbare Stelle anzunehmen*. Er darf also nicht weiterhin ausschliesslich auf seinem angestammten Beruf eine Stelle suchen. In unserem Beispiel müsste sich somit Ronald Jäger in allen ihm zumutbaren Berufen nach einer Stelle umsehen, er dürfte nicht nur eine Bauhandlangerstelle suchen. Er hätte sich auch als Zügelmann, Bote, Küchenbursche etc. zu bewerben.

Arbeitslose mit Berufsausbildung können sich jedoch vorerst einmal auf ihrer Sparte nach einer neuen Stelle umsehen. Erweist sich dies als nutzlose Übung, so müssen allerdings auch sie auf andere Berufszweige ausweichen.

Jede neue Stelle ist für den Arbeitslosen dann zumutbar – und er müsste diese Stelle antreten –, wenn der Verdienst an der neuen Stelle *nicht unter dem bezogenen Taggeldsatz* liegt, und wenn sie den orts- und berufsüblichen Arbeitsbedingungen sowie den persönlichen und gesundheitlichen Verhältnissen des Arbeitslosen entspricht. Eine Arbeit ist auch dann zumutbar, wenn sie zeitlich befristet ist oder sich ausserhalb des Wohnortes befindet. Lehnt der Arbeitslose eine solche zumutbare Stelle ab, so muss er damit rechnen, dass er im Taggeldbezug für einige Zeit gesperrt wird.

Darf ich eine Zwischenbeschäftigung annehmen?

Während der ganzen Dauer der Arbeitslosigkeit muss der Arbeitslose sämtliche Umstände, die die Arbeitslosigkeit betreffen, der Kasse mitteilen. Diese Auskunfts- und Meldepflicht beinhaltet insbesondere auch die Meldung eines allfälligen Zwischenverdienstes.

Der Arbeitslose darf also durchaus eine Zwischenbeschäftigung annehmen. Entsprechend dem erzielten Lohn wird sein Taggeld jedoch gekürzt. Ohne Einfluss auf das Taggeld ist ein allfälliger Nebenverdienst, den der Arbeitslose nach Eintritt der Arbeitslosigkeit weiterhin erzielt.

Ronald Jäger dürfte somit bedenkenlos am Samstagabend als Türsteher beim Fussballmatch die Eintrittsbillette kontrollieren und dafür eine kleine Entschädigung erhalten. Sobald jedoch diese Tätigkeit sich ausweitet, beispielsweise wenn Jäger nun auch tagsüber im Kassenhäuschen sitzen würde, käme er mit der Arbeitslosenversicherung in Konflikt. Dann könnte nicht mehr von einem Nebenerwerb, sondern es müsste allenfalls von einem Zwischenverdienst gesprochen werden. Sollte diese Tätigkeit gar zu einer Ganztagsstelle anwachsen und schliesslich zu einem Arbeitsvertrag führen, so würde die Anspruchsberechtigung auf Taggeld wegfallen, ausser wenn diese Tätigkeit bloss zur Vermeidung von weiterer Arbeitslosigkeit ausgeübt würde und dabei der Verdienst tiefer wäre als das Taggeld.

Will nun der Arbeitslose zwischendurch auch einmal in die Ferien, so ist ihm das nicht verboten. Nur: *Während der Ferien hat er keinen Anspruch auf Taggeld*. Nach 75 Tagen steht dem Arbeitslosen eine kontrollfreie Woche zu.

Krank während der Arbeitslosigkeit – was dann?

Wer während der Arbeitslosigkeit vorübergehend krank wird oder verunfallt, hat nur unter bestimmten Bedingungen einen Anspruch auf Taggeld.

Bei Unfall und Schwangerschaft können maximal 30 Taggelder bezogen werden, bei Krankheit ist vorerst noch eine Wartefrist von einer Woche zu bestehen.

Falls die gesundheitsbedingte Arbeitsunfähigkeit nach 30 Tagen immer noch gegeben ist, so wird bei weniger als 50prozentiger Arbeitsunfähigkeit ein ganzes Taggeld ausbezahlt. Im übrigen ist es so, dass einzelne Arbeitslosenkassen Krankentaggeldversicherungen abgeschlossen haben, die die wegfallenden Taggelder ausbezahlen.

Tip: Wer während der Arbeitslosigkeit ernsthaft erkrankt, sollte sich dies sofort *von einem Arzt schriftlich bestätigen lassen.* Es lohnt sich auch, sich bei seiner Arbeitslosenkasse zu erkundigen, ob ein Krankentaggeld für die Zeit nach Beendigung der Taggeldleistung versichert werden kann.

Wann werden Taggelder gesperrt?

Anders als Ronald Jäger hatte Hans Grau seine Stelle selbst gekündigt. Er wollte einfach nicht mehr die harte Arbeit als Bauhandlanger ausführen. Zwar hatte er bis zur Kündigung noch keine neue Stelle gefunden, aber er ging davon aus, dass er bald einen neuen Arbeitsplatz finden würde. Sein Lohn war nicht schlecht gewesen, und auch das Arbeitsklima war erträglich. Nachdem nun Hans Grau die Arbeitslosenkasse aufgesucht hat, bekommt er eines Tages böse Nachricht. In einer »Verfügung« teilt ihm die Arbeitslosenkasse mit: »Infolge selbstverschuldeter Arbeitslosigkeit werden Sie für die Dauer von 20 Tagen in der Anspruchsberechtigung eingestellt.«

Eine Einstellung in der Anspruchsberechtigung ist also möglich, *das Gesetz sieht für selbstverschuldete Arbeitslosigkeit eine Sperre vor.* Das bedeutet, dass während einer bestimmten Anzahl Tage gestempelt werden muss, ohne dass Taggelder ausbezahlt werden. Im Beispiel von Hans Grau hat dieser nunmehr 20 Tage (das sind vier Wochen) zu stempeln, ohne dass er Taggelder erhält. Die Arbeitslosigkeit ist nach Gesetz dann selbstverschuldet:

- wenn durch das Verhalten des Arbeitnehmers der Arbeitgeber Grund zur Kündigung hatte oder gar zur fristlosen Entlassung,
- wenn, wie im vorliegenden Falle bei Hans Grau, der Arbeitnehmer von sich aus ohne zwingenden Grund eine an sich zumutbare Stelle aufgibt und im Anschluss daran arbeitslos wird,
- wenn eine Stelle aufgegeben und eine neue angetreten wird, die voraussehbar nur kurze Zeit dauert,

- wenn der Versicherte eine ihm zugewiesene zumutbare Stelle von sich aus ohne zwingenden Grund ablehnt.

Aber auch die Verletzung der Kontroll- und Meldevorschriften, das unrechtmässige Erwirken von Taggeldzahlungen, das ungenügende eigene Bemühen um einen Arbeitsplatz sowie der Verzicht auf die Geltendmachung von Ansprüchen gegenüber dem alten Arbeitgeber (beispielsweise Ferienansprüche) können zu einer Einstellung in der Anspruchsberechtigung führen.

Welche Arbeit ist zumutbar?

Aus dem oben Gesagten ergibt sich, dass die Aufgabe oder die Ablehnung einer Stelle nur dann eine Einstellung des Taggeldbetrags zur Folge hat, wenn die Stelle zumutbar gewesen wäre.

Beispiel:

Johanna Zumsteg hat bis jetzt in einer pharmazeutischen Fabrik gearbeitet. Sie hat keinen Beruf erlernt und arbeitete als Hilfsarbeiterin. Während sieben Monaten war sie in der Speditionsabteilung tätig, dort hat es ihr auch gefallen. Nun wird sie intern versetzt und muss in die Abfüllung. Schon nach dem ersten Tag merkt sie, dass sie an Händen und Armen einen Ausschlag hat. Sie sucht ihren Hausarzt auf, der ihr anrät, sich wieder aus der Abfüllabteilung versetzen zu lassen, da der Ausschlag auf die Staubentwicklung bei der Abfüllung zurückzuführen sei. Johanna Zumsteg sucht den Personalchef auf und bittet ihn um eine Versetzung. Doch dieser will davon nichts wissen. So quält sich Frau Zumsteg noch drei Tage durch die Arbeit, dann gibt sie im Personalbüro die Kündigung ab, obwohl sie keine andere Stelle hat. Muss sie nun nach Eintritt der Arbeitslosigkeit mit einer Sperre von Taggeldern rechnen?

Nein, denn diese Arbeit war für Johanna Zumsteg klarerweise unzumutbar. Sie ist durch die Arbeit gesundheitlich geschädigt worden. Das ist ein Rechtfertigungsgrund, eine Stelle zu verlassen. Wichtig ist jedoch, dass sie die gesundheitlichen Auswirkungen der Arbeit, also die Unzumutbarkeit des neuen Arbeitsplatzes, durch ein Arztzeugnis belegen kann. Frau Zumsteg hat sich somit richtig verhalten, als sie den Hausarzt aufsuchte. Sie wird beim Taggeldbezug nicht gesperrt.

Eine Unzumutbarkeit aus gesundheitlichen Gründen muss nach Praxis der Arbeitslosenversicherung stets mit einem *Arztzeugnis* belegt werden. Es genügt also nicht, wenn für die Aufgabe einer Stelle Rückenschmerzen, Kopfweh oder Entzündungen an den Händen geltend gemacht werden, wenn diese nicht durch ein Arztzeugnis klar in den Zusammenhang mit der aufgegebenen Arbeitsstelle gebracht werden.

Tip: Lieber einmal mehr *den Arzt aufsuchen,* als voreilig eine Stelle aufgeben, wenn nachher die Unzumutbarkeit nicht bewiesen werden kann.

Wie sind die »Tarife« bei Einstellung des Taggeldbezugs?

Während Johanna Zumsteg Glück hat, fährt Hans Grau schlecht: Er wird für 20 Tage in der Anspruchsberechtigung eingestellt, weil die Arbeitslosenversicherung sein Verhalten als »mittelschweres Verschulden« aufgefasst hat. Maximal wäre eine Einstellung bis zu 40 Tagen möglich gewesen. Doch dafür muss man eigentlich schon goldene Löffel stehlen.

Erfahrungsgemäss liegen die Einstellungen bei Kündigungen meist im mittelschweren Verschulden, also in einem Rahmen zwischen 11 und 20 Tagen. Bei fristlosen Entlassungen aber kommt das »schwere

Verschulden« zur Anwendung: Da kann es schon mal vorkommen, dass 40 Sperrtage ausgesprochen werden. Für leichte Verfehlungen ergeben sich Einstellungen von einem Tag bis zehn Tage.

Doch einen eigentlichen »Tarif« gibt es nicht. Jeder Fall wird einzeln betrachtet und dann entschieden. Da spielen ganz unterschiedliche persönliche Momente eine Rolle. Nicht zuletzt, ob der Versicherte bereits bei der Arbeitslosenkasse als »guter Kunde« bekannt ist oder ob er das erste Mal stempeln kommt.

Ausbildung beendet – kann ich stempeln?

Regula Wyss hat eben erst ihre Ausbildung an der Universität als Ethnologin abgeschlossen. Doch wie sehr sie sich auch bemühte, eine Stelle konnte sie nicht finden. Sie wäre sogar bereit gewesen, ausserkantonal arbeiten zu gehen. Aber auch das ging nicht, es gibt im Moment einfach keine freien Stellen für Ethnologinnen. Nun steht sie ohne Verdienst da.

Kann sie bei der Arbeitslosenversicherung Geld beziehen, auch wenn sie nie einen Beitrag geleistet hat?

Ja, denn die Arbeitslosenversicherung gestattet auch Personen wie Regula Wyss, die keine beitragspflichtige Beschäftigung nachweisen können, den Taggeldbezug. Im Unterschied zu Ronald Jäger und Hans Grau hat sie jedoch nur während 85 Tagen Anspruch auf Taggelder. Und bevor sie das erste Taggeld beziehen kann, muss sie als Absolventin einer Universität erst noch 20 Karenztage leer stempeln. Für diese Tage erhält sie kein Taggeld.

Studienabgänger von Hochschulen wie im Fall von Regula Wyss erhalten das Taggeld berechnet auf einen mutmasslichen Tagesverdienst von Fr. 153.–, Personen mit abgeschlossener Berufslehre oder Seminarausbildung ein Taggeld berechnet von einem Tagesverdienst von Fr. 127.–, alle anderen Personen ein Taggeld berechnet nach einem Verdienst von Fr. 102.– (Stand 1.1.1993). Von diesem mutmasslichen Verdienst werden nun – wie vorne bereits dargelegt – die

80 Prozent berechnet, für unterstützungspflichtige Versicherte kommen die gesetzlichen Kinder- und Ausbildungszulagen dazu.

Aber *nicht nur Studien- oder Schulabgänger sind vom Nachweis der Beitragspflicht befreit.* Auch Personen, die infolge persönlicher Umstände, beispielsweise Ehescheidung, Trennung, Tod des Ehegatten oder ähnlichen Ereignissen zur Aufnahme einer Erwerbstätigkeit gezwungen sind und keine Stelle finden, geniessen das Privileg der Befreiung vom Nachweis der beitragspflichtigen Beschäftigung.

Glück hatte da Helga Nowack: Während sechs Jahren bezahlte ihr der geschiedene Ehemann einen monatlichen Unterhaltsbeitrag von Fr. 1000.–. Für das gemeinsame Kind, für welches sie sorgte, erhielt sie zusätzlich dazu noch einen Unterhaltsbeitrag von Fr. 300.–. Nun ist jedoch die Unterhaltspflicht des Mannes ihr gegenüber beendet. Doch mit Fr. 300.– für das Kind kann sie natürlich nicht leben. Sie muss nun auch eine Arbeit aufnehmen.

Helga Nowack profitiert von der oben genannten Regelung: Sie ist zwar nicht direkt infolge Scheidung zur Aufnahme einer Erwerbstätigkeit gezwungen, aber durch ein »ähnliches Ereignis«, nämlich durch die Beendigung der Unterhaltszahlung des Exmannes. Sie kann somit die Arbeitslosenversicherung in Anspruch nehmen und ein Taggeld beziehen, das sich allerdings – nach der oben genannten Regelung – ab einem mutmasslichen Tagesverdienst von Fr. 102.– berechnet.

Es ergibt sich somit eine Anspruchsberechtigung auch für geschiedene Frauen, die aufgrund der heutigen Arbeitsmarktlage oft Mühe haben, eine Stelle zu finden.

Ebenfalls befreit vom Nachweis einer beitragspflichtigen Beschäftigung sind Anstaltsentlassene, deren Aufenthalt über ein Jahr gedauert hat. Auch Personen, die über ein Jahr im Ausland arbeiteten, sind vom Nachweis befreit.

Konnte jemand infolge von Krankheit, Unfall oder Mutterschaft während mehr als zwölf Monaten nicht arbeiten, so ist er vom Nachweis befreit.

Wann kann ich mich beschweren?

Hans Grau ist durch die Kassenverfügung in der Anspruchsberechtigung für die Dauer von 20 Tagen eingestellt worden. Er findet dies nicht in Ordnung und meint, zehn Tage würden auch genügen. Er will also die von der Kasse erlassene Verfügung anfechten. Das ist das gute Recht jedes Versicherten.

Innert 30 Tagen nachdem er die Verfügung der Arbeitslosenkasse erhalten hat, kann er bei der zuständigen kantonalen Beschwerdeinstanz (Rekursbehörde, Versicherungsgericht, Schiedskommission etc.) schriftlich und begründet Beschwerde erheben. Die Anschrift dieser Rekursinstanz ist auf der Verfügung angegeben.

In der Beschwerdeschrift schildert nun Hans Grau kurz den Sachverhalt und seine Meinung. Dem Brief legt er eine Kopie der angefochtenen Verfügung bei und sendet beides eingeschrieben an die Beschwerdeinstanz. Diese wird den Fall überprüfen und allenfalls Hans Grau zu einer mündlichen Verhandlung einladen. Im Normalfall ist das Verfahren kostenlos. Der Entscheid wird dem Beschwerdeführer schriftlich zugestellt.

Sollte Hans Grau mit dem Entscheid der Beschwerdeinstanz nicht einverstanden sein, so kann er den Fall weiterziehen, am Schluss landet er beim Eidgenössischen Versicherungsgericht in Luzern. Die Praxis zeigt, dass durchaus eine Chance besteht, Kassenverfügungen mit Beschwerde erfolgreich anzufechten.

Wieviel zahlt die Arbeitslosenversicherung bei Kurzarbeit?

Ein Arbeitgeber kann sich gezwungen sehen, aus wirtschaftlichen Gründen für seine Belegschaft oder Teile der Belegschaft Kurzarbeit einzuführen. Das kommt in der gegenwärtigen Wirtschaftslage recht oft vor. Die Einführung der Kurzarbeit muss jedoch beim Arbeitsamt vorangemeldet werden, und die Kürzung der Arbeitszeit und des Lohnes hat in gegenseitigem Einverständnis mit dem Arbeitnehmer zu erfolgen.

Wenn die Reduktion der Arbeitszeit im Monat *mindestens zehn Prozent* beträgt, übernimmt die Arbeitslosenversicherung den Lohnausfall zu 80 Prozent. Für den Arbeitnehmer besteht dann keine Stempelpflicht, es sei denn, der Betrieb wird für mehr als eine Woche ganz eingestellt. Der Arbeitgeber seinerseits ist verpflichtet, die Kurzarbeitsentschädigung zusammen mit dem Lohn vorzuschiessen, sie wird ihm von der Arbeitslosenkasse anschliessend zurückbezahlt.

Kein Arbeitnehmer kann jedoch gezwungen werden, der Einführung von Kurzarbeit zuzustimmen. Dies sieht auch das neue Arbeitslosenversicherungsgesetz vor. Nur: Der Arbeitnehmer muss dann seinen Anspruch auf den vollen Lohn auf gerichtlichem Weg gegenüber seinem Arbeitgeber durchsetzen. Und ob das in dieser Situation ein Arbeitnehmer noch riskiert, ist fraglich. Denn mit der Kurzarbeit droht ja auch immer eine Kündigung.

Wenn ein Arbeitnehmer bereits in gekündigter Stellung ist und daher nach Ablauf der Kündigungsfrist ohnehin seinen Arbeitsplatz verliert, braucht er sich eine Lohnkürzung nicht gefallen zu lassen. Er hat Anspruch auf den vollen Lohn.

15.14 Sind Teilzeit- und Temporärarbeitende auch bezugsberechtigt?

Teilzeitarbeitende werden in der Arbeitslosenversicherung grundsätzlich gleich behandelt wie normale Arbeitnehmer. Voraussetzung ist aber, dass in der Beitragsrahmenfrist von zwei Jahren auch wiederum während mindestens sechs Monaten Beiträge entrichtet wurden. Der Verdienst muss während der Beitragszeit jedoch durchschnittlich Fr. 500.– monatlich erreichen, darunter ist er nicht mehr versichert.

Der Teilzeitarbeitende muss nach Eintritt der Arbeitslosigkeit zumindest für eine 20%ige Beschäftigung vermittelbar sein.

Grundsätzlich sind Temporärarbeitende ebenfalls bezugsberechtigt. Doch aufgepasst: Für Temporärarbeitende gibt es verschiedene Hindernisse, bis sie schliesslich anspruchsberechtigt sind. Will etwa ein Temporärarbeitender auch nach Eintritt der Arbeitslosigkeit ausschliesslich temporäre Arbeiten annehmen, also nicht eine Dauerstelle suchen, so kann es ihm blühen, dass er gänzlich vom Bezug von Taggeldern ausgeschlossen wird. Er ist dann für die Arbeitslosenkasse nicht mehr vermittlungsfähig. Die Arbeitslosenkasse akzeptiert temporäre Arbeitsverhältnisse während der Arbeitslosigkeit nur dann, wenn diese zur Vermeidung weiterer Arbeitslosigkeit angetreten wurden. Sucht ein Arbeitsloser aber ausschliesslich nur Temporärstellen, weil er gerne ab und zu wieder ein paar Ferienwochen einschaltet bis zum nächsten Einsatz, so kann er von der Kasse nicht vermittelt werden. Und damit ist er gänzlich vom Taggeldbezug ausgeschlossen.

Somit haben Temporärarbeitende nur Anspruch auf Taggelder, wenn sie einerseits auch andere Arbeit als Temporärarbeit annehmen wollen, mithin auch eine Dauerstelle, oder aber wenn sie Temporärarbeit annehmen, um die Arbeitslosigkeit vorübergehend zu beenden. Es empfiehlt sich in diesem Falle, mit der Arbeitslosenkasse darüber zu sprechen. Und nicht zuletzt gilt, dass auch während einer Temporärstelle zur Vermeidung weiterer Arbeitslosigkeit nach einer Dauerstelle gesucht werden muss!

Was tun, wenn der Taggeldanspruch erloschen ist?

Nicht selten kommt es vor, dass Arbeitslose ihren Taggeldanspruch vollkommen ausgeschöpft und immer noch keine Arbeit gefunden haben. Diese Arbeitslosen nennt man »ausgesteuert«. Jetzt kann nur noch der Kanton weiterhelfen. Entweder kann der Arbeitslose über ein spezielles »Kässeli«, wie etwa einen »Notstandseinsatz«, eine Zeitlang vorwiegend beim Kanton arbeiten, bis er wieder anspruchsberechtigt für den erneuten Bezug von Taggeldern ist. Wenn aber diese Möglichkeit nicht besteht, dann gibt's nur eines: Der Versicherte muss die *Sozialfürsorge* aufsuchen und von dieser Unterstützung beantragen.

Tip für alle Arbeitslosen: Jede Arbeitslosenkasse gibt ein *Merkblatt zur Arbeitslosenversicherung* ab. Darin sind ausführlich sämtliche Voraussetzungen zum Taggeldbezug, die Rechte und Pflichten, Angaben über die Taggeldberechnung etc. enthalten. Verschiedene Arbeitslosenkassen haben darüber hinaus eigene Informationsbroschüren. Und nicht zuletzt gilt: bei Fragen oder Unklarheiten sich beim zuständigen Beamten erkundigen.

16.

Wie komme ich zu meinem Recht?

Täglich werden Arbeitnehmer zu Unrecht entlassen, Löhne nicht bezahlt, Arbeitszeugnisse nicht ausgestellt, bei Kündigungen die zustehenden Anteile am dreizehnten Monatslohn und Feriengelder nicht ausbezahlt. Hier hilft bei beharrlicher Weigerung des Arbeitgebers meist nur eins: der Gang zum Gericht. So unangenehm dieser Schritt für viele Arbeitnehmer ist, so unerlässlich erscheint er doch vielfach.

Recht haben und Recht bekommen sind zweierlei. Was nützt das schönste Lohnversprechen, wenn man es nicht beweisen kann? Deshalb: Vorbeugen ist besser als streiten. Wer die wichtigsten Punkte des Arbeitsvertrages schriftlich in Händen hat, kann langwierige Auseinandersetzungen am ehesten vermeiden. Doch selbst wenn im Streitfall das Gericht bemüht werden muss, sind die Hindernisse zum Prozesserfolg für den Arbeitnehmer nicht unüberwindbar. Wer sich rechtzeitig informiert und beraten lässt, kann auch das Prozessrisiko leicht abschätzen.

Wen kann ich konsultieren?

Wer unsicher ist, ob er vom Arbeitgeber mehr zugut hat, als er in der Lohntüte vorfand, erkundigt sich am besten bei den *Rechtsberatungen der Gewerkschaften oder am örtlichen Arbeitsgericht* selbst. In kleineren Bezirken, wo es kein solches spezialisiertes Arbeitsgericht gibt, kann man sich in der Regel für eine erste Auskunft ans Bezirksgericht wenden. (Eine Liste der Rechtsberatungsstellen und der erstinstanzlichen Gerichte, die für arbeitsrechtliche Streitigkeiten zuständig sind, findet sich im Anhang, Seite 214ff.). Zu beachten ist allerdings, dass Gerichte in der Regel keine telefonischen Auskünfte erteilen, sondern zu bestimmten Zeiten Sprechstunden angesetzt haben.

Für erste arbeitsrechtliche Beratungen stehen auch einige Gratis-Rechtsberatungen von privaten Unternehmen zur Verfügung, zum Beispiel die Rechtsdienste grösserer Zeitungen und Zeitschriften.

Wichtig: An wen man sich auch immer wendet, die Auskunft ist auf jeden Fall zuverlässiger, wenn sämtliche Unterlagen wie Verträge, Arbeitsrapporte etc. an die Besprechung mit dem Berater mitgenommen werden.

Dauert ein Gerichtsverfahren nicht zu lange?

Nicht immer ist der Konflikt nach der Konsultation eines Juristen beendet, weil man sich entweder eines Besseren belehren lassen musste oder der Arbeitgeber plötzlich zahlungsbereit ist. Wo es ums Geld geht und die »Vertragspartner« nicht einig werden, bleibt schliesslich oft nur noch der Weg zum Gericht.

In den meisten Kantonen kann sich der Arbeitnehmer direkt an das Bezirks- oder Arbeitsgericht wenden, ohne dass vorher beim Friedensrichter eine Sühneverhandlung durchgeführt werden muss, wie es bei den nichtarbeitsrechtlichen Geldforderungen vielfach unumgänglich ist.

Auch in anderer Hinsicht sind Streitigkeiten aus dem Arbeitsverhältnis gegenüber anderen Geldansprüchen gerichtlich privilegiert: Generell schreibt das Gesetz für die gesamte Schweiz ein einfaches, kostenloses und rasches Verfahren vor. Kostenlos bedeutet, dass das Gericht bis zu einem Forderungsbetrag von Fr. 20'000.– kostenlos arbeitet. Für Klagen bis zu diesem Betrag riskiert ein Arbeitnehmer also höchstens seine Anwaltskosten und eine allfällige Entschädigung an die Gegenpartei, wenn er mit seinem Standpunkt unterliegt.

Was das »rasche« Verfahren betrifft, ist kein allzu grosser Optimismus am Platz. Auch wenn die Richter die Angelegenheit beförderlich behandeln sollen, kommt es doch immer wieder vor, dass auch einfache arbeitsrechtliche Streitigkeiten ein halbes oder ein ganzes Jahr dauern, wenn die Parteien nicht vorher einen Vergleich abschliessen.

Zum Gericht nur mit einem Anwalt?

Nicht immer ist die Vertretung durch einen Rechtsanwalt überhaupt zugelassen. Im Kanton Zürich z.B. dürfen sich die Parteien bei Forderungen in arbeitsrechtlichen Angelegenheiten unter Fr. 1000.– vor Gericht nicht vertreten lassen. Diese Regelung ist sicher sinnvoll, weil den Arbeitnehmern unnötige Kosten erspart werden. Bei Beträgen bis zu Fr. 1000.– besteht nämlich die Gefahr, dass die Anwaltsrechnung in keinem Verhältnis zum Prozesserfolg stehen würde.

Bei höheren Geldforderungen als Fr. 1000.– kann sich der Gang zum Anwalt erübrigen, wenn das Gericht über einfache, klare Rechtsfragen zu befinden hat (muss der 13. Monatslohn anteilsweise ausbezahlt werden, wenn ein Arbeitnehmer im Laufe des Jahres die Stelle verlässt?). Wo es jedoch um strittige Forderungen geht, die ein Beweisverfahren nötig machen, weil der Sachverhalt nur mit Zeugen und Urkunden bewiesen werden kann, spricht man mit Vorteil zur Sicherheit bei einem spezialisierten Anwalt vor. Er kann besser beurteilen, ob das Prozessrisiko grösser ist, wenn man ohne Vertretung vor Gericht geht.

Die heikelsten Fragen sind in der Regel im Falle einer fristlosen Entlassung zu beantworten, weshalb in solchen Angelegenheiten regelmässig ein Anwalt empfohlen werden muss. Im Sinne der »Waffengleichheit« ist eine anwaltliche Vertretung erfahrungsgemäss ebenfalls von Vorteil, wenn der Arbeitgeber einen Anwalt aufgesucht hat – oder selbst Jurist ist.

Ein Handicap für die Arbeitnehmer: In einzelnen Kantonen, wo ein spezielles Verfahren für Arbeitsstreitigkeiten vorgesehen ist, sind Anwälte teilweise nicht zugelassen. So beispielsweise in Basel-Stadt vor dem Gewerblichen Schiedsgericht, das Streitigkeiten aus dem Arbeitsverhältnis bis zu Fr. 20'000.– behandelt.

Der Beizug eines Rechtsanwaltes kostet allerdings Geld. Und das schon bei der ersten Konsultation; denn die meisten Anwälte arbeiten nicht ohne Vorschuss.

Wichtig: Obwohl die Anwaltstarife nicht völlig willkürlich festgesetzt werden können, sondern kantonale Richtlinien berücksichtigt werden müssen, arbeiten die Rechtsgelehrten zu recht unterschiedlichen Preisen. Es ist deshalb ratsam, bei der ersten Besprechung *den beigezogenen Anwalt nach seinem Stundenansatz zu fragen*. Dabei sind Honoraransätze zwischen Fr. 150.– bis 180.– pro Stunde die untere Grenze.

Immerhin werden die Anwaltskosten mindestens grösstenteils von der Gegenpartei vergütet, wenn der Prozess gewonnen wird. Umgekehrt, wenn man mit einer Forderung nicht durchkommt, kostet das Verfahren trotz des Erlasses der Gerichtskosten bei Streitigkeiten unter Fr. 20'000.– seinen Preis, da in diesem Fall eine vom Gericht festgelegte Entschädigung an den Prozessgegner bezahlt werden muss.

Wie finde ich einen guten Anwalt? Rechtsanwälte dürfen nicht werben. Sie dürfen neuerdings aber immerhin ihre Spezialgebiete angeben. Wer keinen spezialisierten Anwalt kennt und auch nach Rückfragen bei Gewerkschaften und Bekannten keinen »heissen Tip« erfährt, wendet sich am besten an die kantonalen Anwaltsverbände oder die Demokratischen Juristinnen und Juristen der Schweiz (DJS), die teilweise über ein Mitgliederverzeichnis verfügen, auf denen Spezialkenntnisse der Anwälte vermerkt sind.

Wie leite ich ein Gerichtsverfahren ein?

Keine Angst vor Formalitäten: In der Regel genügt die Angabe der Parteien und eine Auflistung der Forderungen, die man an den Arbeitgeber stellt. Als Checkliste mag das *Formular* auf der folgenden Seite dienen, das beim Arbeitsgericht Zürich für eine Klageeinleitung gebräuchlich ist. Wo muss aber die Klage eingereicht werden? Das Gesetz lässt dem Arbeitnehmer die Wahl zwischen dem Arbeitsgericht am Arbeitsort oder am Sitz der beklagten Firma, nicht jedoch an seinem Wohnort.

Beispiel:

Manuel Mächler wohnt in Wallisellen (Kanton Zürich) und ist in der Filiale Zürich der Druckerei West AG angestellt, die ihren Sitz in Biel hat. Er hat nun die Wahl, ob er seinen Arbeitgeber in Zürich (Arbeitsort) oder Biel (Sitz der Firma) einklagen will. Herr Mächler wird sicher seinen Arbeitsort Zürich als Gerichtsstand wählen, weil er so weniger Umtriebe hat.

Aber nicht immer ist der Fall so einfach.

Beispiele aus der Gerichtspraxis:

Der Arbeitnehmer M. klagte eine Aktiengesellschaft mit Sitz in Baden, wo er auch arbeitete, an seinem Wohnsitz in Zürich ein, weil sie dort eine Filiale hatte. Das Arbeitsgericht Zürich trat aber auf seine Forderung nicht ein, weil sowohl Arbeitsort als auch Sitz der Firma eindeutig Baden waren.

Ein anderer Fall: Der Angestellte P. arbeitete bei einer Firma in Zürich, die nach seinem Austritt aber den Firmensitz ins Welschland verlegte. Entscheid des Arbeitsgerichts Zürich: Der Angestellte müsse seinen früheren Arbeitgeber im Welschland einklagen.

Klage (für Arbeitnehmer)

Proz.-Nr.: AN Gruppe: Eingang:

Kläger(in):

Name: **Vorname:**

Geburtsdatum: Heimatort:

Adresse: Ort/PLZ:

Beruf: angestellt als:

tagsüber erreichbar unter Telefon-Nr.: Private Tel.-Nr.:

Werden Sie vertreten oder bevormundet? vertreten: ja/nein* bevormundet: ja/nein*

Name und Adresse des Vertreters/Vormundes:

Beklagte(r):

Name (oder Firmenbezeichnung): **Vorname:**

Geburtsdatum: Heimatort/Sitz:

Adresse: Ort/PLZ:

tagsüber erreichbar unter Telefon-Nr.: Private Tel.-Nr.:

Art und Dauer der Anstellung:

Schriftlicher Vertrag: ja/nein* vom: (beilegen)

Eintritt am: Probezeit (Dauer):

Arbeitsort:

Lohn (pro Monat/Std.*): brutto: netto:

Provision: Spesen: weitere Zulagen:

13. Monatslohn/Gratifikation* Fr.:

Beendigung der Anstellung:

Ordentliche Kündigung/fristlose Entlassung*

mündlich/schriftlich* durch wen: Arbeitgeber/Arbeitnehmer*

Kündigung erfolgt am: auf wann:

Fristlose Entlassung am: letzter Arbeitstag:

Ist die Kündigung (schriftlich) begründet worden: ja/nein*

Sprachkenntnisse und Gerichtstermine:

Wenn Sie nicht genügend Deutsch sprechen, um den Prozess führen zu können, benötigen Sie einen **Übersetzer!**

Ich benötige einen Übersetzer des Gerichts: ☐ ja ☐ nein

in welcher Sprache:

Sind Sie in der nächsten Zeit zwingend verhindert, Termine wahrzunehmen (Militärdienst, bereits gebuchte Ferien usw.), so geben Sie dies bitte an:

abwesend vom: bis:

*** Nichtzutreffendes jeweils streichen** **Bitte wenden!**

4/31 5000 1.93

Geldforderungen:

Fehlender Lohn bis zum Austritt:	vom:	bis:	Fr. ________
Fehlender Lohn für Kündigungsfrist:	vom:	bis:	Fr. ________
Entschädigung wegen fristloser Entlassung:			Fr. ________
Entschädigung wegen missbräuchlicher Kündigung:			Fr. ________
13. Monatslohn/Gratifikation:			Fr. ________
Provisionen (gemäss beiliegender Aufstellung):			Fr. ________
Ferienlohn (Anzahl Ferientage):	Kalender-/Arbeitstage*		Fr. ________
Unfall-/Krankenlohn:	vom:	bis:	Fr. ________
Überstundenlohn (gemäss beiliegender Aufstellung):			Fr. ________
Ungerechtfertigte Abzüge (Abrechnung beilegen):			Fr. ________
Spesen (gemäss beiliegender Aufstellung):			Fr. ________
Weitere Geldforderungen (bitte genau bezeichnen):			Fr. ________
________________________________			Fr. ________
________________________________			Fr. ________

Verzugszins zu 5 Prozent ab (wann): ________________________

Bis zu einem Streitwert von Fr. 20 000.–
ist das Verfahren kostenlos. **Total der Forderung:** **Fr.** ________

Andere Forderungen:

Zeugnis über Leistungen und Verhalten	☐ ja	☐ nein
Arbeitsbestätigung (nur über Art und Dauer der Anstellung)	☐ ja	☐ nein
Zeugnisänderung (Zeugnis beilegen)	☐ ja	☐ nein
Begründung der Kündigung:	☐ ja	☐ nein

Provisions-/Lohnabrechnung für die Zeit: vom: bis:

Herausgabe von (was):

Bitte reichen Sie **alle Unterlagen** im Zusammenhang mit diesem Verfahren (wie Arbeitsvertrag, Lohnabrechnungen, Korrespondenzen usw.) dem Gericht mit diesem Klageformular ein!

Ort und Datum: Unterschrift:

Im Doppel an das zuständige Gericht senden

*** Nichtzutreffendes jeweils streichen**

Was ist besser: Urteil oder Vergleich?

So einfach, wie das Aufsetzen der Klage ist, so einfach ist auch der Einstieg ins Verfahren. Nach Eingang der Klage beim Arbeitsgericht werden Arbeitgeber und Arbeitnehmer vor das Gericht geladen, wo sie ihre Standpunkte und Beweisanträge vorlegen müssen. Einige Arbeitsgerichte führen die erste Verhandlung im Sinne eines Sühneverfahrens durch und versuchen zwischen den Parteien zu vermitteln.

Fast durchwegs würdigen die Richter nach einer Befragung der Parteien die beiden Standpunkte und erarbeiten einen Vergleichsvorschlag.

Beispiel:

Peter Scherrer wurde seiner Ansicht nach ohne wichtigen Grund fristlos entlassen. Eine Auseinandersetzung mit seinem Chef über die bevorstehenden Wahlen in den Gemeinderat brachte seinen Vorgesetzten derart in Rage, dass dieser eine Weiterbeschäftigung seines »linksextremen« Angestellten nicht mehr für zumutbar hielt. Die Kleinfirma Müller & Co. weigerte sich dann auch, dem unverzüglich entlassenen Peter Scherrer noch einen einzigen Rappen Lohn zu bezahlen.

Ihm blieb nichts anderes übrig, als seine Forderungen vor dem Arbeitsgericht geltend zu machen. Insgesamt bezifferte er seine Klage in der Höhe von drei Monatslöhnen (Kündigungsfrist) plus Ferienanteil und 13. Monatslohn zuzüglich einer Entschädigung von zwei Monatslöhnen aufgrund der unberechtigten fristlosen Entlassung.

Während der ersten Gerichtsverhandlung einigt er sich vor dem Richter mit der Firma Müller & Co. auf einen Vergleich mit folgendem Inhalt: »Müller & Co. verpflichten sich, dem Kläger Fr. 17'000.– zu bezahlen. Dieser Betrag ist auf das Monatsende zu überweisen. Damit erklären sich beide Parteien per saldo aller Ansprüche aus dem Arbeitsverhältnis auseinandergesetzt.«

Scherrer war mit diesem Vergleich einverstanden, weil er lieber auf Monatsende Fr. 17'000.– hat als nach einem drei-, vielleicht sechsmonatigen Prozess die eingeklagten Fr. 21'000.–.

Tip: Bei Vergleichen, die nach einer fristlosen Entlassung geschlossen werden, ist darauf zu achten, dass aus dem Entscheid hervorgeht, *auf welchen Termin das Arbeitsverhältnis aufgelöst wurde*. Dies ist wichtig für die Berechtigung zum Bezug allfälliger Arbeitslosengelder.

Generell lässt sich sagen, dass sich ein Vergleich dort empfiehlt, wo das Arbeitsverhältnis weitergeführt werden soll, wo die Parteien weiterhin auf ein Einvernehmen untereinander angewiesen sind. Zudem können komplizierte Rechnungsverhältnisse mittels Vergleichs auf einen einfachen Nenner gebracht werden. Bei einem Vergleich kann auch abweichend vom Gesetz oder einem Urteil der »Billigkeit« Rechnung getragen werden.

Wenn sich zwei Parteien bei einer fristlosen Entlassung auf einen Vergleich einigen, dann vielfach deshalb, weil dem Streit ein ungewisser und schlecht beweisbarer Sachverhalt zugrunde liegt, der eine unsichere Rechtslage schafft.

Nicht angebracht ist ein Vergleich sicher dann, wenn sich ein Arbeitnehmer klar im Recht fühlt und dieser Standpunkt vertraglich und gesetzlich abgesichert ist. Denn bei klarem Recht besteht in der Regel kein Anlass, der Firma durch einen Vergleich entgegenzukommen. Ein Vergleich aber bringt meistens bis zu einem gewissen Grad ein Nachgeben mit sich.

Zudem muss unbedingt in Rechnung gezogen werden, dass ein Vergleich praktisch nicht an eine zweite Instanz weitergezogen werden kann. Denn der Vergleich bringt den Streit grundsätzlich definitiv zum Abschluss und ist nur dann wieder anfechtbar, wenn er durch eine Täuschung, eine Drohung oder einen Irrtum begründet wurde.

Tip: Man soll sich auf keinen Fall vor Gericht zu einem Einverständnis in einen Vergleich nötigen lassen. Wer unsicher ist und sich die Sache nochmals gründlich überlegen will, kann einen sogenannten *Ratifikationsvorbehalt* in den Vergleich aufnehmen lassen. Dies bedeutet, dass er je nach Formulierung im Vertrag noch fünf oder zehn Tage Zeit hat und den Vergleichsvorschlag in dieser Zeit noch zurückweisen kann. Ein Ratifikationsvorbehalt wird z.B. so formuliert: *»Der Kläger hat 10 Tage Zeit, den Vergleich zu widerrufen. Trifft nach diesen 10 Tagen (Poststempel) kein Widerruf beim Gericht ein, gilt der Vergleich als genehmigt.«*

Ist das Arbeitsgericht für alle Klagen zuständig?

Nur finanzielle Forderungen und das Begehren um die Ausstellung eines Arbeitszeugnisses können vor das Arbeitsgericht gebracht werden. Sämtliche Verletzungen von Arbeitsschutzvorschriften, wie z.B. die Überschreitung von wöchentlichen Höchstarbeitszeiten oder die Anordnung von Schwerarbeit für schwangere Frauen, sind nicht beim Arbeitsgericht, sondern beim kantonalen Arbeitsinspektorat anzuzeigen.

Lohnt sich der Beitritt zu einer Gewerkschaft?

Schon verschiedentlich ist in diesem Ratgeber auf die Funktionen einer Gewerkschaft bzw. eines Berufsverbandes hingewiesen worden. Der Beitritt zu einer solchen Organisation empfiehlt sich aus mehreren Gründen:

- Die Gewerkschaft vertritt die Interessen ihrer Mitglieder gegenüber den Arbeitgebern und kann diese Interessen sicher besser durchsetzen als ein einzelner. Oft erreichen die Gewerkschaften wirtschaftliche, soziale und rechtliche Verbesserungen für die Arbeitnehmer. In zahlreichen Branchen wurden Gesamtarbeitsverträge ausgehandelt, in denen die Rechte der Arbeitnehmer ausführlich geregelt sind. Da die GAVs in der Regel nur für Gewerkschaftsmitglieder gelten, ist ein Beitritt empfehlenswert.

- Ein Gewerkschaftsmitglied kann mit der Unterstützung durch seine Kollegen sowie durch die Funktionäre der Gewerkschaft rechnen. Eine solidarische Aktion, z.B. eine Petition, eine Protestversammlung, in krassen Fällen sogar ein Streik, hat oft schon dem einzelnen Arbeitnehmer zu seinem Recht verholfen oder ihn beispielsweise vor einer drohenden Entlassung geschützt. Vielfach genügt auch eine energische Intervention des Gewerkschaftssekretärs bei der Geschäftsleitung, um Klarheit zu schaffen.
- Ein Gewerkschaftsmitglied geniesst in der Regel auch einen unentgeltlichen *Rechtsschutz*. Die Gewerkschaft vermittelt ihm einen Anwalt. Dessen Vorsprache bei der Geschäftsleitung und danach beim Arbeitsgericht kann sich bezahlt machen. Ohne dass dem Arbeitnehmer irgendwelche Kosten erwachsen, erreicht der Vertrauensanwalt seiner Gewerkschaft, dass er zu seinem Recht kommt.

17.

Sonderteil: Alles über das Arbeitszeugnis

Mit Beendigung des Arbeitsvertrages haben Arbeitnehmer und Arbeitnehmerinnen ein gesetzliches Recht auf Ausstellung eines Arbeitszeugnisses. Dieses Zeugnis muss objektiv und fair die Arbeitsleistungen umschreiben und Aussagen über Art und Dauer des Arbeitsverhältnisses enthalten – so der Grundsatz, doch in der Realität ist alles etwas komplizierter.

Der Zeugnisanspruch

Arbeitnehmerinnen und Arbeitnehmer haben das Recht, jederzeit – also auch im ungekündigten Arbeitsverhältnis – ein Arbeitszeugnis zu verlangen. Die gesetzliche Grundlage dazu ist Artikel 330a des Obligationenrechts (OR), der besagt:

1. Der Arbeitnehmer kann jederzeit vom Arbeitgeber ein Zeugnis verlangen, das sich über die Art und Dauer des Arbeitsverhältnisses sowie über seine Leistungen und sein Verhalten ausspricht.

2. Auf besonderes Verlangen des Arbeitnehmers hat sich das Zeugnis auf Angaben über die Art und Dauer des Arbeitsverhältnisses zu beschränken.

Das Arbeitszeugnis soll der stellensuchenden Person als Ausweis über ihre Tätigkeit beim früheren Arbeitgeber dienen und damit das wirtschaftliche Fortkommen nach Beendigung des Arbeitsverhältnisses erleichtern. So hat das Bundesgericht den Zweck des Arbeitszeugnisses umschrieben (Bundesgerichtsentscheid (BGE) 107 IV 38, E. 3).

Die Pflicht zum Ausstellen des Arbeitszeugnisses liegt beim Arbeitgeber. Ist das Arbeitsverhältnis beispielsweise durch Firmenübernahme vom einen auf den anderen Arbeitgeber übergegangen, ist der neue Arbeitgeber zur Ausstellung des Arbeitszeugnisses verpflichtet. Ist der Arbeitgeber zahlungsunfähig und über ihn der Konkurs eröffnet worden, liegt die Verpflichtung zur Ausstellung eines Arbeitszeugnisses beim konkursiten Arbeitgeber. Hat hingegen das Konkursamt das Personal weiter beschäftigt, liegt die Zeugnispflicht bei der Konkursverwaltung. Beim Tod des Arbeitgebers geht die Pflicht zur Ausstellung des Zeugnisses auf dessen Erben über.

Stand die Person im Dienst einer Temporärfirma – juristisch präzis in einem »Leiharbeitsverhältnis« –, ist die Temporärfirma zur Ausstellung des Zeugnisses verpflichtet, wobei sie sich sinnvollerweise bei ihrem Kunden, dem Einsatzbetrieb, über die vollbrachten Leistungen erkundigt.

Ein Arbeitszeugnis muss schriftlich abgefasst und vom Arbeitgeber oder dessen Vertreter unterzeichnet werden. Ein unsauberes Zeugnis mit Korrekturen, Streichungen, Radierungen oder Tippfehlern kann zurückgewiesen werden.

Ein Zwischenzeugnis wird dann sinnvollerweise verlangt, wenn trotz bestehendem Arbeitsverhältnis der Wunsch nach einer Veränderung besteht, also eine neue Stelle gesucht wird. Zwischenzeugnisse sind jedoch auch dann von grosser Bedeutung, wenn die Vorgesetzten wechseln: Bestand mit der bisherigen Teamleiterin ein gutes Arbeitsverhältnis, wird sich dies in einem Zwischenzeugnis entsprechend niederschlagen. Doch wer weiss, wie das Arbeitsverhältnis mit der Nachfolgerin aussieht. In diesem Fall können Zwischenzeugnisse spätere, schlechtere Zeugnisse relativieren.

Was beinhaltet ein Arbeitszeugnis?

Der in der Rechtswissenschaft herausgearbeitete Grundsatz ist einfach: In erster Linie muss das Zeugnis inhaltlich richtig sein. Die im Zeugnis enthaltenen Aussagen müssen objektiv wahr sein. Ebenso muss die Formulierung wahr und eindeutig sein. Dies wird vor allem dort Schwierigkeiten bieten, wo Einschätzungen über die Arbeitsleistungen, dem Kerngehalt des Zeugnisses, gemacht werden. Ein ausführliches Zeugnis beinhaltet folgende Aussagen:

- Angabe von Namen, Vornamen, Geburtsdatum, gegebenenfalls akademischem Titel
- Beginn und Ende des Anstellungsverhältnisses
- Angabe über Stellung und Funktion im Unternehmen
- Aufzählung der hauptsächlichen Aufgaben
- Angaben über die übertragenen Verantwortungen und erfolgten Beförderungen
- Beurteilung der Arbeitsleistung sowie die Selbständigkeit bei deren Erfüllung
- Angaben über das Verhalten im Betrieb
- Fakultativ: Grund der Vertragsauflösung und Wünsche für die weitere berufliche Tätigkeit, allenfalls verbunden mit dem Hinweis auf eine mögliche Wiedereinstellung

Nicht zwingend ist somit die Bekanntgabe der Beendigungsgründe eines Arbeitsverhältnisses. Denn oft wird ein an sich gutes Arbeitsverhältnis mit überdurchschnittlichen Leistungen auf Grund einer Differenz aufgelöst, die in keinem Verhältnis zur Leistung steht. Zu denken ist beispielsweise an die Ernennung eines neuen Vorgesetzten, der seine Vorstellungen realisieren will. Deshalb wäre es unfair, wenn das Zeugnis als Auflösungsgrund »Differenzen mit dem Vorgesetzten« nennen würde. Die Rechtsprechung trägt diesen Bedenken Rechnung.

Beispiel aus der Gerichtspraxis:

In einem Zeugnis wurde die folgende Passage aufgenommen: »Auf den 30. Juni 1983 wurde der Arbeitsvertrag mit Wirkung per 30. September 1983 aufgelöst. Während der Dauer der Kündigungsfrist verzichteten wir mit sofortiger Wirkung auf die weiteren Dienste von Herrn G., da inzwischen Sachverhalte zu unserer Kenntnis gelangten, die eine solche Massnahme als notwendig erscheinen liessen.« Das Gericht befand, dass nicht weiter erwähnte oder fundierte Vorwürfe nicht in ein Zeugnis gehören. Der Beendigungsgrund des Arbeitsverhältnisses ist nur dann notwendiger Bestandteil des Arbeitszeugnisses, wenn die entsprechenden Ausführungen zur Würdigung des Gesamtbildes des Arbeitnehmers beitragen. Dies ist im erwähnten Fall verneint worden (Arbeitsgericht Zürich, JAR 1988, Seite 251).

In bestimmten Berufen kann es sinnvoll oder gar nützlich sein, wenn dem Zeugnis weitere Unterlagen beigegeben werden. So hat das Gewerbliche Schiedsgericht Basel-Stadt entschieden, dass im grafischen Gewerbe Druckbelege wichtige Bestandteile des Leistungsausweises eines Arbeitnehmers sind. Der Arbeitgeber hat eine Dokumentationspflicht und hat Druckbelege herauszugeben, die über die Qualität der Arbeitsleistung Auskunft geben (Gewerbliches Schiedsgericht Basel-Stadt, 6. Dezember 1984, JAR 1986, Seite 104).

17.3 Die Beurteilung der Arbeitsleistung

Das Arbeitszeugnis muss das Verhalten und die Leistung während der gesamten Dauer des Arbeitsverhältnisses beschreiben. Einzelne Vorfälle dürfen nicht herausgegriffen werden, ausser wenn sie für das gesamte Verhalten oder die Leistung des Arbeitnehmers bezeichnend sind.

Hingegen darf ein Zeugnis auch ungünstige Beurteilungen des Arbeitsverhaltens oder der Person enthalten. Denn würden alle negativen Punkte aus einem Zeugnis ausgeblendet, so würde das Zeugnis nicht der Wahrheit entsprechen. Für den Wahrheitsgehalt des Zeugnisses haftet jedoch die ausstellende Person. Sie ist allenfalls schadenersatzpflichtig, wenn durch ein Gefälligkeitszeugnis Schaden entsteht.

Dies gilt auch im umgekehrten Fall, wenn ein Zeugnis die Arbeitsleistungen der Arbeitnehmerin oder des Arbeitnehmers herabmindert und dadurch das wirtschaftliche Fortkommen erschwert wird. In diesem Fall hat der Arbeitgeber den Schaden zu ersetzen, der aufgrund des nicht den Tatsachen entsprechenden Zeugnisses nachweislich eingetreten ist.

Während Tatsachen relativ leicht zu überprüfen sind, ist bei Werturteilen ein Ermessensspielraum gegeben. Liegen dem Werturteil falsche Tatsachen zugrunde oder werden die nicht üblichen Massstäbe zur Bewertung beigezogen, ist der Ermessensspielraum überschritten. Das stellt auch die Arbeitsgerichte immer wieder vor grosse Schwierigkeiten.

Beispiel aus der Gerichtspraxis:

Eine – offenbar ungewollte – Qualifikation einer Leistung hatte das Gewerbliche Schiedsgericht Basel-Stadt 1984 zu beurteilen: Ein Arbeitgeber wollte einem Arbeitnehmer erklärtermassen ein durchschnittliches Zeugnis ausstellen. Unter anderem schrieb der Arbeitgeber im Zeugnis: »...während dieser Zeit erledigte Herr F. unter Anleitung des bauleitenden Monteurs Sanitär-Installationen in Wohnungs- und Verwaltungsbauten. Es war sogar möglich, ihn einige kleinere Arbeiten selbständig ausführen zu lassen.« Das Gewerbliche Schiedsgericht entschied, dass der Arbeitgeber das Wort »sogar« aus dem Zeugnis zu streichen habe, da diese Formulierung eine offensichtlich ungewollte und nicht gerechtfertigte negative Wertung zum Ausdruck bringe (Gewerbliches Schiedsgericht Basel-Stadt, JAR 1986, Seite 105).

Die Arbeitsbestätigung

Nebst dem bis anhin behandelten »qualifizierten Zeugnis« gibt es auch das »einfache Zeugnis«. Dieses beinhaltet lediglich Angaben über die Art und Dauer des Arbeitsverhältnisses. Wertungen werden keine vorgenommen. Arbeitsbestätigungen haben jedoch einen negativen Beigeschmack: Wurde eine Arbeitsbestätigung ausgestellt, weil ein ausführliches Arbeitszeugnis negativ ausgefallen wäre?

Die gerichtliche Durchsetzung des Zeugnisanspruchs

Da Arbeitnehmer und Arbeitnehmerin einen Anspruch auf die Ausstellung eines Zeugnisses haben, können sie im Verweigerungsfalle diesen Anspruch gerichtlich einklagen und durchsetzen. Dies trifft nicht nur auf den Fall zu, wo die Ausstellung eines Zeugnisses gänzlich verweigert wird, sondern auch dort, wo ein Zeugnis mit falschem Inhalt ausgestellt wurde. Zuständig sind die Arbeitsgerichte am Firmensitz oder am Sitz der Zweigstelle.

Im ersten Fall, wo kein Zeugnis ausgestellt wurde, wird auf die Ausstellung dieses Zeugnisses geklagt, ohne dass dazu nähere Ausführungen zum Inhalt zu machen sind. Schwieriger wird es dort, wo es Differenzen über ein bereits ausgestelltes Zeugnis gibt. Hier ist es notwendig, dass genau angegeben wird, welche Stellen des Zeugnisses nicht akzeptiert werden und welche andere, günstigere Umschreibung ins Zeugnis aufgenommen werden soll.

Beispiel:

Der Arbeitsvertrag zwischen einer ländlichen Klinik und Peter Urfer wurde durch die Arbeitgeberin gekündigt. Im Zeugnis sind die Leistungen von Peter

Urfer wie folgt umschrieben: »Herr U. arbeitete bei uns als diplomierter Psychiatriepfleger in der Funktion einer Teilzeitnachtwache. Anfänglich waren wir mit Herrn U. recht zufrieden. Das änderte sich, sobald seine Frau als Mitarbeiterin zu uns kam und ein Medizinstudent wegging. Herr U. war die umfassende Pflege gleichgültig. Er verstand es nicht, zu den Betagten ein liebevolles Verhältnis herzustellen. Herr U. erledigte alle vorkommenden Arbeiten nicht zu unserer Zufriedenheit. Auch Nebenarbeiten wie Putzarbeiten usw. erledigte er unzuverlässig. Von den Mitarbeitern wurde Herr U. seines unfreundlichen Wesens und unzuverlässigen Arbeitens wegen nicht geschätzt, einige fürchteten ihn. Im Umgang mit den Vorgesetzten verhielt er sich unfreundlich, arrogant und frech. Weil dadurch kein gegenseitiges Vertrauen erarbeitet werden konnte, sahen wir uns genötigt, das Arbeitsverhältnis zu kündigen. Wir wünschen Herrn U. trotzdem alles Gute auf seinem weiteren Lebensweg und hoffen, dass es ihm gelingen wird, es anderswo besser zu machen.« Dieses äusserst negative Zeugnis konnte Peter Urfer nicht akzeptieren. Es lag jedoch an ihm, einen verbesserten Zeugnistext einzuklagen, was er im folgenden auch tat: »Herr U. arbeitete bei uns als diplomierter Psychiatriepfleger in der Funktion als Nachtwache. Unsere Altersinstitution umfasst eine Siedlung, ein Wohnheim sowie eine Krankenstation mit 24 zum grössten Teil sehr pflegeabhängigen Patienten, für deren pflegerische Belange das diplomierte Personal verantwortlich ist. Herr U. arbeitete anfangs zu unserer vollen Zufriedenheit; durch gegenseitiges Fehlverhalten traten jedoch mit der Zeit immer grössere Unstimmigkeiten auf, was eine Unzufriedenheit beider Parteien zur Folge hatte. Aus diesen Gründen war eine Kündigung für beide Seiten die beste Lösung.« Das Arbeitsgericht hatte nunmehr zu prüfen, wie weit die Ausführungen im ursprünglichen und im beantragten neuen Zeugnis den Tatsachen entsprachen, resp. die enthaltenen Werturteile angemessen waren (Arbeitsgericht Bern, JAR 1989, Seite 191).

Was sagt das Arbeitszeugnis aus?

Ein auf den ersten Bick gutes Arbeitszeugnis kann sich bei näherem Hinsehen als Bumerang erweisen: »Susi Bärtschi hat die sich gestellten Aufgaben so gut wie möglich erfüllt.« Hoppla! Im Klartext heisst das: Susi Bärtschi erfüllte nicht die Anordnungen der Vorgesetzten, sondern setzte ihren eigenen Kopf durch (»die sich gestellten Aufgaben«); zudem waren ihre Leistungen ganz und gar nicht überragend (»...so gut wie möglich«).

Zeugnisse sind interpretationsbedürftig. Dabei kann jedoch nicht auf den »gesunden Menschenverstand« abgestellt werden, denn verschiedentlich enthalten Zeugnisse Formulierungen, die das Wesentliche zwischen den Zeilen verstecken.

Ob dies tatsächlich der Fall ist, kann oft nur vermutet werden. Denn letztlich stellt sich die Frage, ob beim Verfassen des Zeugnisses solche verborgenen Botschaften bewusst hineingeschmuggelt wurden oder nicht. Schreibt der Zimmermann Ruedi von Allmen im Kandertal im Zeugnis seines Angestellten Friedel Imhasli, er habe seine Arbeit »stets recht gemacht«, so ist dies für die Beteiligten ein gutes Zeugnis. Verwendet allerdings ein Personalchef eines Grossbetriebs in einem professionell formulierten Zeugnis dieselbe Formel, so besagt das Zeugnis, dass Friedel Imhasli seine Arbeit eher schlecht als recht gemacht habe.

Fazit: Mit Vorteil wird auf eine möglichst klare Formulierung geachtet, die wenig Spielraum für Interpretationen offen lässt. Hier deshalb einige Interpretationshilfen:

Formulierung	*Interpretation*
Keinerlei Bemerkungen über die Leistungen und das Verhalten.	Es kann angenommen werden, dass sowohl Leistung wie Betragen nicht befriedigten.

Formulierung	*Interpretation*
Lediglich Bemerkungen über das Verhalten.	Es ist wahrscheinlich, dass die Leistungen nicht befriedigten.
Lediglich Bemerkungen über die Leistungen.	Wir müssen annehmen, dass das Verhalten nicht den Erwartungen und Gepflogenheiten entsprach.
»In seinem Verhalten war er stets ein Vorbild.«	Sonst war er eine Niete.
»Die ihm übertragenen Arbeiten erledigte er mit grossem Fleiss.«	Er bemühte sich, hatte aber wenig Erfolg.
»Er ist ein gewissenhafter Mitarbeiter.«	Er tut, was er kann.
»Gegenüber den Mitarbeitern zeigte er grosses Einfühlungsvermögen.«	Er suchte Kontakt zum anderen Geschlecht.
»Er trug zur Verbesserung des Arbeitsklimas bei.«	Er vertrödelte die Arbeitszeit mit Sprücheklopfen und Nebensächlichkeiten.
»Er bemühte sich, die ihm übertragenen Arbeiten bestens zu erledigen.«	Leistungen mangelhaft.
»Er hat alle seine Fähigkeiten eingesetzt.«	Die Leistungen waren schwach.

Formulierung	*Interpretation*
»Er hat alle Aufgaben ordnungsgemäss erledigt.«	Keine Eigeninitiative.
»Er hat sich stets um gute Vorschläge bemüht.«	Er war ein Besserwisser.
»Wir schätzten seinen grossen Eifer.«	Er war ein Streber.
»Er bemühte sich stets um ein gutes Verhältnis mit den Vorgesetzten.«	Er war ein Anpasser.
»Er bemühte sich, seine Aufgaben so gut wie möglich zu erfüllen.«	Seine Leistungen befriedigten nicht, es ging »harzig« mit ihm.
»Seine Leistungen waren zufriedenstellend.«	Die Leistungen genügten knapp, sie hätten besser sein können.
»Mit seinen Leistungen waren wir zufrieden.«	Normale Leistungen, lag im grossen Durchschnitt.
»...zu unserer vollen Zufriedenheit« oder »Seine Leistungen waren gut«.	Er war ein guter Mitarbeiter.
»Seine Leistungen waren überdurchschnittlich« oder »...zur vollsten Zufriedenheit«.	Der Mitarbeiter war über dem Durchschnitt, man lässt ihn nur ungern ziehen.

Formulierung	*Interpretation*
»Er war stets freundlich und aufmerksam.«	Angenehmer Mitarbeiter.
Keine Bemerkungen über den Austrittsgrund.	Es besteht die Möglichkeit, dass er »gefeuert« wurde.
»Der Austritt erfolgte im gegenseitigen Einverständnis.«	Man ist wahrscheinlich froh, dass der Mitarbeiter ausgetreten ist.
»Der Austritt erfolgte auf eigenen Wunsch.«	Es handelt sich um einen normalen Austritt, der keine besonders grosse Lücke hinterlässt.
»Der Austritt wird bedauert.«	Man verliert diesen Mitarbeiter nur ungern, er war tüchtig.
»Der Austritt wird sehr bedauert.«	Der Mitarbeiter war sehr tüchtig, er hinterlässt eine empfindliche Lücke.

Personen, die gute Arbeitsleistungen erbrachten, haben somit in normalen Zeugnissen »zur vollen Zufriedenheit« oder »zur vollsten Zufriedenheit« gearbeitet. Die Arbeitgeberin bedauert den Weggang und wäre jederzeit bereit, die Person wieder im Betrieb einzustellen.

Dass Zeugnisse in der Praxis oft Missverständnisse verursachen, ist bereits dargestellt worden. Arbeitsgerichte neigen deshalb dazu, verdächtige Passagen in Zeugnissen durch klare Aussagen zu ersetzen. So hat das Arbeitsgericht Luzern 1989 in einem Streitfall zusammengefasst folgendes festgehalten: Das Arbeitszeugnis hat sich über das Verhalten des Arbeitnehmers auszusprechen. Liegen keine erheblichen Vorwürfe gegen einen Angestellten vor, so ist sein Verhalten als »gut« zu qualifizieren. Ist erwiesen, dass zwischen dem Arbeitnehmer und dem Personal manchmal Meinungsverschiedenheiten, Spannungen und lautstarke Dispute herrschten, kann ihm nicht ein angenehmer Umgang mit dem Personal attestiert werden. Geschätzt wird eine Person dann, wenn andere gewisse, nicht unbedingt aber alle Eigenschaften als positiv und nützlich empfinden. Die Qualifikation der Wertschätzung ist, weil objektiver, derjenigen der Beliebtheit vorzuziehen. Liegen bezüglich der Wertschätzung eines Arbeitnehmers seitens der Kollegen keine erheblichen Vorwürfe vor, hat er bei seinen Kollegen als »geschätzt« zu gelten. Die Qualifikation »sehr geschätzt« bedingt den Nachweis einer überdurchschnittlichen Wertschätzung (Quelle: Arbeitsgericht Luzern, JAR 1990, Seite 215).

Benützte Literatur:

Adrian Staehelin, Zürcher Kommentar zu Art. 330c OR, Zürich
Manfred Rehbinder, Berner Kommentar zu OR 330a, Bern
Manfred Rehbinder, Schweizerisches Arbeitsrecht, Bern
Christiane Brunner, Jean-Michel Bühler, Jean-Bernard Waeber, Kommentar zum Arbeitsvertrag, Bern
Manfred Rehbinder, Jahrbuch Arbeitsrecht (JAR), 1980ff.

Anhang

Erstinstanzliche Gerichte

ZH Arbeitsgericht Zürich, Zweierstrasse 25, 8004 Zürich
Arbeitsgericht Winterthur, Lindstrasse 10, 8400 Winterthur

Bezirksgerichte:
8910 Affoltern a.A., 8450 Andelfingen, 8180 Bülach, 8157 Dielsdorf, 8340 Hinwil, 8810 Horgen, 8706 Meilen, 8330 Pfäffikon, 8610 Uster, 8400 Winterthur, 8004 Zürich

BE Arbeitsgericht der Stadt Bern, Effingerstrasse 4, Postfach 4017, 3001 Bern
Arbeitsgericht der Stadt Biel, Mühlebrücke 3, 2502 Biel
Arbeitsgericht der Stadt Burgdorf, Schloss, 3400 Burgdorf
Arbeitsgericht Interlaken, Gen.-Guisan-Str. 43, 3800 Interlaken
Arbeitsgericht der Stadt Thun, Rathaus, 3600 Thun

Bezirksgerichte: 3270 Aarberg, 4912 Aarwangen, 3011 Bern, 2502 Biel, 3294 Büren a.A., 3400 Burgdorf, 3235 Erlach, 3312 Fraubrunnen, 3714 Frutigen, 3800 Interlaken, 3082 Schlosswil, 4242 Laufen, 3177 Laupen, 2560 Nidau, 3752 Wimmis, 3860 Meiringen, 3771 Blankenburg, 3792 Saanen, 3150 Schwarzenburg, 3123 Belp, 3550 Langnau, 3600 Thun, 3456 Trachselwald, 4705 Wangen a.A.

LU Arbeitsgericht, Löwenstrasse 5, 6004 Luzern

UR Landgerichtspräsident von Uri, 6460 Altdorf
Landgerichtspräsident von Ursern, 6490 Andermatt

SZ Einzelrichter der Bezirke:
8840 Einsiedeln, 6442 Gersau, 8832 Wollerau (Höfe), 6403 Küssnacht am Rigi, 8853 Lachen (March), 6430 Schwyz

OW Arbeitsgericht des Kantons Obwalden, Brünigstrasse 160, 6060 Sarnen

NW Kantonsgerichtspräsident, Postgebäude, 6370 Stans
Gerichtsausschuss Nidwalden, Postgebäude, 6370 Stans

GL Zivilgerichtspräsident, Gerichtshaus, 8750 Glarus

ZG Präsidium des Kantonsgerichts, Regierungsgebäude, 6301 Zug Kantonsgericht Zug, Regierungsgebäude, 6301 Zug

FR Gewerbekammer des Amtsgerichts des Seebezirks, 3280 Murten
Gewerbekammer des Sensebezirks, 1712 Tafers

SO Arbeitsgerichte der Amteien:
Amtshaus I, 4500 Solothurn (Bucheggberg-Kriegstetten)
Amtshaus, 4143 Dornach (Dorneck-Thierstein)
Amtshaus, 4600 Olten (Olten-Gösgen)
Amtshaus I, 4500 Solothurn (Solothurn-Lebern)
Amtshaus, 4710 Balsthal (Balsthal)

BS Gewerbliches Schiedsgericht, Bäumleingasse 1, 4051 Basel

BL Die Präsidenten der Bezirksgerichte:
4144 Arlesheim, 4460 Gelterkinden, 4410 Liestal, 4450 Sissach, 4437 Waldenburg

SH Bezirksrichter:
8213 Neunkirch (Oberklettgau), 8240 Thayngen (Reiat), 8200 Schaffhausen, 8226 Schleitheim, 8260 Stein am Rhein, 8215 Hallau (Unterklettgau)

Kantonsgericht Schaffhausen, 8201 Schaffhausen

AR Präsident der IV. Abteilung des Kantonsgerichts, Postfach 109, 9102 Herisau
Präsident der V. Abteilung des Kantonsgerichts (Hinterland)
Präsident der III. Abteilung des Kantonsgerichts (Mittelland)
Präsident der II. Abteilung des Kantonsgerichts (Vorderland)

AI Präsident des Bezirksgerichts Appenzell, 9050 Appenzell
Präsident des Bezirksgerichts Oberegg, 9413 Oberegg

SG Arbeitsgerichte der Bezirke:
Altes Schützenhaus, 9500 Wil (Alttoggenburg, Wil)
Bahnhofstrasse 4, 8730 Uznach (Gaster, See)
Bahnhofstrasse 12, 9230 Flawil (Gossau, Untertoggenburg)
9620 Lichtensteig (Neutoggenburg, Obertoggenburg)
Breite, 9450 Altstätten (Oberrheintal, Unterrheintal)
St. Gallerstrasse 5, 9400 Rorschach
Multergasse 11, 9000 St. Gallen
Pannerherr-Good-Haus, 8887 Mels (Sargans, Werdenberg)

GR Bezirksgerichte:
7477 Filisur (Albula), 7742 Poschiavo (Bernina), 7130 Ilanz (Glenner), 7430 Thusis (Heinzenberg), 7431 Andeer (Hinterrhein), 7012 Felsberg (Imboden), 7550 Scuol (Inn), 7505 Celerina/Schlarigna (Maloja), 6535 Roveredo (Moesa), 7531 Müstair (Münstertal), 7299 Jenaz (Oberlandquart), 7000 Chur (Plessur), 7220 Schiers (Unterlandquart), 7180 Disentis (Vorderrhein)

AG Arbeitsgerichte der Bezirke:
5000 Aarau, 5400 Baden, 5620 Bremgarten, 5200 Brugg, 5726 Unterkulm, 4335 Laufenburg, 5600 Lenzburg, 5630 Muri, 4310 Rheinfelden, 4800 Zofingen, 8437 Zurzach

TG Bezirksgericht, Oberfeldstrasse 14, 8500 Frauenfeld

Gewerkschaften und Berufsverbände

- Schweizerischer Gewerkschaftsbund (SGB)
  Monbijoustrasse 61, 3007 Bern
- Christlichnationaler Gewerkschaftsbund der Schweiz (CNG)
  Hopfenweg 21, 3001 Bern
- Schweizerischer Kaufmännischer Verband (SKV)
  Hans-Huber-Strasse 4, 8023 Zürich
- Schweizerischer Metall- und Uhrenarbeitnehmerverband (SMUV)
- Gewerkschaft Bau und Industrie (GBI)
- Verband des Personals öffentlicher Dienste (VPOD)
- Schweizerischer Eisenbahnerverband (SEV)
- PTT-Union
- Gewerkschaft Verkauf, Handel, Transport, Lebensmittel (VHTL)
- Gewerkschaft Druck und Papier (GDP)
- Schweizerischer Lithographenbund (SLB)
- Schweizerische Journalistenunion (SJU)
- Schweizer Syndikat Medienschaffender (SSM)
- Christlicher Metallarbeiterverband (CMV)
- Bankpersonalverband

Die Adressen der lokalen Gewerkschaftssekretariate finden sich im Telefonbuch.

Vermittlung eines Anwalts

Wenden Sie sich an die kantonalen Anwaltsverbände zur Vermittlung eines Anwalts oder einer Anwältin!

Weitere Adressen

- Schweizerische Zentralstelle für Heimarbeit (SZH)
  Schwarztorstrasse 7, 3007 Bern
- Schweizerischer Verband der Unternehmungen für Temporäre Arbeit (SVUTA)
  Wengistrasse 7, 8026 Zürich
- Bundesamt für Sozialversicherung
  AHV/IV: Effingerstrasse 33, 3003 Bern
  KUW: Effingerstrasse 43, 3003 Bern
  Familienschutz: Effingerstrasse 31, 3003 Bern
- Schweizerische Unfallversicherungsgesellschaft (SUVA)
  Fluhmattstrasse 1, 6002 Luzern
- Bundesamt für Industrie, Gewerbe und Arbeit (BIGA)
  Bundesgasse 8, 3011 Bern

Sachwortregister

Sachbücher und Ratgeber im Unionsverlag

Ruedi Prerost/Anita Thanei
Das Mieterbuch
»Die Schweiz – ein Volk von Mietern.« Diese Tatsache führt dazu, dass keiner um die Rechtsfragen rund ums Mietverhältnis herumkommt. Bei kniffligen Fragen wird Ihnen ein Griff in dieses Handbuch von Nutzen sein. 220 Seiten, broschiert, 24.–

Behindert – was tun?
Herausgegeben von der Schweizerischen Arbeitsgemeinschaft zur Eingliederung Behinderter
Dieses Handbuch behandelt unter anderem die Fragen der medizinischen Betreuung, der schulischen und beruflichen Ausbildung, der Arbeit, des Wohnens und der Fortbewegung. 280 Seiten, broschiert, 24.–

Alberto Godenzi
Bieder, brutal
Frauen und Männer sprechen über sexuelle Gewalt. Der Autor stellt die Ergebnisse einer wissenschaftlichen Untersuchung über sexuelle Gewalt in der Schweiz vor. 180 Seiten, broschiert, 24.–

Christine Sengupta/Peter Grob/Hans Stüssi
Medikamente aus Heilpflanzen
170 Heilpflanzen beschreibt dieser kritisch-wissenschaftliche Ratgeber; ihr Wesen, ihr Wirken – ihren Segen, ihre Gefahren. Und er stellt 1600 rezeptfreie Präparate vor. 374 Seiten, broschiert, 38.–

Urs Haldimann/Stephan Dietrich
Unser täglich Fleisch – So essen wir die Welt kaputt
Herausgegeben von der Erklärung von Bern
Wir verzehren Berge von Fleisch. Die Verdreifachung des Fleischkonsums seit dem Zweiten Weltkrieg zeigt dramatische Folgen für Gesundheit, Tierhaltung und Umwelt. 216 Seiten, broschiert, 26.–

Bestellen Sie unseren kostenlosen Verlagsprospekt:
Unionsverlag, Rieterstrasse 18, CH-8059 Zürich